INTRODUCTION
TO
BASIC ECONOMICS

# 超入門経済学

高校から大学への架け橋

高橋知也／鈴木久美 [著]

ミネルヴァ書房

## はじめに

　経済学の教科書・参考書の執筆はゴーストライターで執筆したものを含めると7冊目ぐらいになるでしょうか。今でも自ら執筆した書物は思い出深く、それなりの自信作であると考えています。その証拠ではありませんが拙著とかなり内容が似ている類似本を発見したこともあります。それは拙著を評価していただいている証と考えています。

　ここ数年、弊学を含め、他大学等で教えるなかで旧来の常識が通用しなくなってきていると感じています。大学で学ぶ経済学のイントロダクションは、高校の「政治・経済」の授業で学んでいるはずですが、実は高校時代に政治・経済を履修していない学生が相当数います。仮に履修していても多くの方にとって大学受験の科目でないので、きちんと理解することなく、右から左へと流されていると考えられます。このため、経済学を学ぶ前提となる「経済の常識」が欠落しているケースが多いように思われます。「経済の常識」の欠落だけが原因ではありませんが、経済学に対する理解力がここ数年急激に落ち込んでいます。偏差値が60以上の大学で教えていても、経済学に対する理解力の大幅低下のため、首をかしげるようなケースが多々あります。

　このような現状を踏まえ、経済学を学ぶための「経済の常識」から始まって大学の経済学へとつなげる教科書の必要性を感じ、本書を執筆することとなりました。当初は弊学の教員数名で執筆する話もありましたが、結局、筆者のみが残り、単独で執筆することになりました。

単独では負担が大きいこともあり、急遽、鈴木久美氏に一部の章の執筆を依頼したところ、快く引き受けて下さいました。本書がこのような形で日の目を見ることができたのは鈴木氏の貢献であり、ここに感謝申し上げたいと思います。

本書は教科書という性格上、逐一出典を明記していないケースが多いことをお詫びしたいと思います。その中で第9章の戦後の日本経済史は中村隆英『日本経済　その成長と構造（第3版）』（東京大学出版会、1993年）に依拠しています。近代経済学の視点での日本経済史の名著であり、今回改めて読み返してみると、その内容のすばらしさを改めて確認できました。中村先生は昨年9月にお亡くなりになりました。ここにご冥福をお祈りしたいと思います。

さて、本書誕生の裏話をお伝えしたいと思います。実際の講義内容を反映させながら、原稿は2011年の初頭にはほぼ完成しており、出版に向けて動いていましたが、同年3月の東日本大震災をきっかけに出版を一時見合わせることとなりました。この大震災の問題を教科書とはいえ、いささかなりとも反映させることを考えた結果です。

足かけ4年を要した本書は今までの著書とは異なる執筆期間を要しました。それがプラスになるか、マイナスとになるかは読者の皆様の判断にお任せしたいと思います。

尚、本書を教科書としてご採用いただきました場合、講義用のパワーポイントおよび練習問題をお送りいたしますので、メール（tomoya-t@asia-u.ac.jp）でご連絡ください。

最後に本書の刊行にあたってご尽力いただいた水野安奈氏にこの場を借りて感謝申し上げたいと思います。水野氏にはこちらの出版の突然の依頼をお引き受けいただき、しかも編集作業では事実上の共同執

筆者として色々なアドバイスをいただきました。

2014年10月

　　　　　　　　　　　　　　　　　　　　　　　　　高橋知也

# 超入門経済学
―― 高校から大学への架け橋 ――

**目　次**

はじめに

## 序　章　なぜ経済学を学ばなければならないのか……………… 1
経済学とは何か　すべての分野に繋がる経済学　経済学の学び方　経済学の考え方の基本　自分で考えることの大切さ

### 第Ⅰ部　ミクロ経済学

## 第1章　市場メカニズムのしくみ …………………………………… 15
経済的分業と経済活動　市場メカニズムと完全競争市場　需要と需要曲線　需要曲線のシフト要因　供給と供給曲線　供給曲線のシフト要因　均衡価格と均衡取引量　消費者余剰と生産者余剰　神の見えざる手

## 第2章　企業の構造を見てみよう ………………………………… 39
企業の種類と役割　企業は誰のものか　財務諸表　生産関数　時間の概念と利潤最大化　「短期」と「長期」の重要性

## 第3章　市場の失敗と不完全競争 ………………………………… 57
市場の失敗と外部性　公共財とは何か　寡占・独占　不完全競争市場が発生する理由　不完全競争市場の特徴

### 第Ⅱ部　マクロ経済学

## 第4章　GDPから考える景気と経済成長 ………………………… 71
経済を測る　フローとストック　国内概念と国民概念　付加価値　名目GDPと実質GDP　GDPに含まれるものと含まれないもの　経済成長率　三面等価の原則

## 第5章　国民生活を支える財政……………………………………83

財政とは何か　財政の役割　財政危機と財政赤字　世代間の不公平と負担転嫁　我が国の予算制度　財政投融資　国と地方自治体の関係　税制

## 第6章　貨幣と金融の機能……………………………………101

貨幣の役割　直接金融と間接金融　銀行の機能　中央銀行　金融政策　マネーストック（マネーサプライ）

## 第7章　労働市場……………………………………………113

私たちはなぜ働くのか　労働可能人口　失業　失業率と有効求人倍率　労働供給と労働時間　労働需要　労働三法と労働組合

### 第Ⅲ部　国際経済学と日本経済史

## 第8章　貿易の構造としくみ…………………………………129

経済成長を支えた貿易　保護主義がもたらした悲劇　戦後の自由貿易体制　貿易はなぜ発生するのか　ヘクシャー・オリーンモデル　貿易を行うことが望ましい理由

## 第9章　グローバル化が進む経済……………………………143
　　　　──戦後日本の歩みから

太平洋戦争の被害と戦後へのつながり　戦前と戦後の関係　戦後の混乱　戦後の復興経済政策　農地改革　財閥解体　ドッジ・ライン　朝鮮戦争と高度成長への道　我が国の国際収支の変化　為替レート　固定レート制から変動レート制へ　プラザ合意と円高不況　我が国の金融危機とアジアの通貨危機　海外投資　直接投資と企業の多国籍化　地域貿易協定

終　章　大学で学ぶ新しい経済学 …………………………175
　　新しい経済学を学ぶ意義　　身近な世界とゲーム理論　　戦略型ゲームとナッシュ均衡　　インセンティブとゲーム理論　　展開型ゲームと年金問題　　コミットメントと年金問題　　インセンティブ　東日本大震災　　アベノミクスのゆくえ

索　　引

# 序章　なぜ経済学を学ばなければならないのか

　力を尽くして狭き門より入れ、滅びにいたる門は大きく、その路は広く、之より入る者多し。生命にいたる門は狭く、その路は細く、之を見出す者少なし（出典：「マタイによる福音書」第七章）。

　この言葉はみなさんがこれから学ぶ経済学にも当てはまります。「狭き門」を恐れず、前に進んでください。

　これから皆さんは経済学の基礎を本書から学びます。本書の目的は大学で経済学を学ぶための前提となる基礎知識を学ぶことを目的としています。経済学部ばかりでなく法学部、経営学部など社会科学系の学部に入学された皆さんのなかで高校時代に『政治・経済』を学んでいない方が少なからずいらっしゃいます。そのため、これまでのように講義中に「これは高校の『政治・経済』で学びましたね」という枕詞をつけて学んでいることを前提に進めることができなくなりました。しかも、皆さんに高校の教科書あるいは参考書等を使って『政治・経済』を学び直してくださいという要望を出しても、おそらく皆さんは「どうして今更、高校時代の勉強をやり直すのか」という不満をもたれます。そこで高校の『政治・経済』レベルから大学で学ぶ経済学の橋渡しを目指すことを目的として本書が生まれました。

本書は高校の教科書と同じレベルかというとそうではありません。高校レベルから始まり、大学レベルの経済学のイントロダクションという位置づけになっています。しかも、一部では大学の経済学そのものというべき内容も含まれています。さらに高校の『政治・経済』の教科書の経済の分野での記述内容のなかには少々首を傾げたくなるようなものも含まれていますので、その修正を含めた記述となっています。

### 経済学とは何か

筆者が大学時代に経済学を学んだ際には近代経済学だけでなく、マルクス経済学も学ばざるをえない時代でしたが、近代経済学の教科書には特にミクロ経済学の定義として次のように載っていました。

> 「経済学とは希少な資源を複数の競合する目的より選択し配分することを研究する学問である」。

この定義は今も生きていますし、何ら変更する必要性を感じない専門家（経済学者）も多いと思います。そこでこの定義の解説から始めましょう。

上述の文章を構成するそれぞれの言葉は日常生活にも出てくる用語であり、特段理解が困難と感じる人も少ないかもしれません。経済学を学ぶうえでの最初の壁は日常用語と経済学の用語の違いを理解することです。具体的には上述の文章のなかで**希少、資源、選択、配分**が重要です。

希少とは希少性とも呼ばれ、経済学では「欲するよりも下回る量し

か存在しない」状態を呼びます。おそらくこの定義に当てはまるものであり、かつ日常生活のイメージのなかで思い浮かべるものは原油に代表される天然資源や地球環境も当てはまるでしょう。経済学ではこれらももちろん含まれます。しかしもっと広い意味で用いています。例えば、空気はどうでしょう。日常生活では欲する量以上に存在しますので希少性を満たしていませんが、宇宙に行った場合、あるいは海に潜った場合、空気は欲するよりも少ない量しか存在しませんので、希少なものとなります。希少性は絶対的なものでなく、時や場所などの条件が変化した場合、変化します。

　次にお金や時間はどうでしょうか。お金は一部の人は有り余るほどもっている方もいるかもしれませんが、多くの人は欲するよりも下回る量しかもっていません。時間はどうでしょうか。皆さんにとって時間は無限にあるようなイメージをもつかもしれませんが、人は年をとると限られた人生をどう生きていくかを考えたりします。1日24時間しかないので足りないと考える人も多いでしょう。つまり時間も希少なものなのです。このように経済学はより広い意味で希少性を考えています。

重要キーワード

**◆近代経済学とマルクス経済学**
　マルクス経済学はカール・マルクスの著書『資本論』を基礎とした経済学です。日本の大学ではまだその存在は大きく、マルクス経済学に基づく財政、金融、国際経済などの応用経済学もあります。しかし、本書は近代経済学と呼ばれる米国の大学の経済学部で学ぶ、オーソドックスな経済学を基礎とした内容です。現在多くの大学では近代経済学が主流ですが、「格差社会」という言葉が流行するなかで最近はマルクス経済学がちょっとしたブームになっています。

すでに説明したように原油なども資源ですが、時間やお金も資源です。経済学では資源のなかで特に**資本、労働、土地**は**生産活動**を行ううえで基本となる資源であり、これらを投入して**財・サービス**を生産するため、特に**生産要素**と呼びます。経済学では当然のことながら希少な資源です。

まず「複数の競合する目的」を考えます。複数存在しなかった場合はどうでしょうか。例えば、ある人が**財**を購入するときに1種類しかないのであるならば選択する必要はありません。したがって、「複数の競合する目的」は複数の財があり、ある財を購入するならば、他の財の購入は断念することを意味します。ところで皆さんがこれからの1時間を「大学の授業に出る」、「アルバイトをする」、「デートをする」という三つの過ごし方を考えます。いずれかを選んだ場合、ほかの過ごし方を断念しなければなりません。これが「複数の競合する目的」の意味するところです。

次に**選択**を考えます。言葉の字義通り物事を選ぶことです。もちろん、経済学では選ぶことの喜びも大切ですが、選ぶことの重みを考えています。先ほど挙げたこれからの1時間の過ごし方の例を考えます。

大学の授業に出た場合、新しい知識が得られることで100の喜びが得られるとします。この喜びは満足をあらわすので特に**効用**と呼びます。次にアルバイトを1時間行うと時給の1000円が得られるので、得られるお金を効用に直すと60とします。最後にデートをした場合、80の効用が得られるとします。これら三つのなかから選ぶのは当然100の満足を得る「大学の授業に出る」となります。これは選択の光の部分です。

しかし、実際に授業出てみると、つまらない授業であり、授業も私

語でうるさく、新しい知識も得られなかったため、事後的には70の効用しか得られなかったとしましょう。このとき、皆さんは授業に出席しないでデートをすれば良かったと考えるでしょう。なぜならば2番目に高い効用を得るものだったからです。そして、選択の陰の部分に気がつきます。「大学の授業に出る」を選択することで80の効用を失ったことになります。したがって、「大学の授業に出る」という選択によって失われる効用をもってこの選択の費用と考えることが出来ます。これが経済学のきわめて重要な概念である**機会費用**の考え方です。これは一般的に使われる費用である会計上の費用とは異なり、それを含めた費用の概念です。経済学の費用は全てこの機会費用を前提として考えられています。

最後に**配分**（allocation）を考えますが、似たような言葉で間違いやすいものに**分配**（distribution）があります。英語をみるとまったく異

重要キーワード

◆**資本**
　過去の生産活動を通じて生み出された生産手段の財を指し、経済学では工場、機械、ロボットなどが資本の代表例です。
◆**生産活動**
　資源を投入して財・サービスを生み出す活動のことです。
◆**財・サービス**
　財とはかたちがあるもの全般を指し、サービス（例えば、ヘアカット）などは形のない無形のものを指します。経済学では両者をまとめて財と簡略化して呼ぶこともあります。

理解を深めよう

　機会費用の概念を日常生活の中で生かされているものはないでしょうか。
　　例：昼間のランチはなぜ安いのか？

なったものであることがわかりますが、漢字では逆になっただけなので間違いやすいものです。

配分を例から考えるならば、希少なお金が1,000円あり、これをどのように使うかを検討した結果、昼食、コーヒーを飲むこと、雑誌を買うことを選択するとします。そしてそれぞれに500円、100円、400円を使います。1,000円をこのようなかたちで使うこと、つまりお金を含めた財の使用状況を表したものが配分です。それに対して分配は最近、所得格差という言葉を聞くことがあると思いますが、階層間、ここでは高所得者と低所得者間における所得の差の問題ですが、階層間の所得等の分け前を表したものです。

さて以上の説明が経済学の基本的な定義ですが、経済学の分野は大きく二つの分野に分かれます。**ミクロ経済学**と**マクロ経済学**です。以下ではさらに詳しい経済学の見取り図と本書の構成を併せて説明します。

ミクロ経済学は家計（消費者）、企業といった個々の経済主体の行動を分析し、市場の機能を分析することを目的としています（本書では第1章、第2章で扱っています）。マクロ経済学は家計や企業を集計化したうえで、一国全体の経済活動の様々な指標（国内総生産、為替レート、金利など）の動向と国の経済政策の関係を分析するものです（マクロ経済学の基礎は第4章で扱っています）。

これらを前提としてさらに、財政（第5章）、金融（第6章）、国際経済（第8章と第9章）、公共経済、産業組織、労働経済（第7章）など多数の分野があります。特にこれらの分野にまたがる重要な分野として、ゲーム理論（第10章）などがあります。これらは比較的新しい分野ですが、経済学のあらゆる分野に大きな影響を与えています。このため、

最近は経済学とは何かというと「**インセンティブのメカニズムを研究するものである**」という考え方が重要視されています。

## すべての分野に繋がる経済学

　インセンティブとは何でしょうか。英和辞典を見ると「動機、誘因、やる気（を起こさせるもの）、駆り立てるもの、激励、奨励、刺激、刺激策、奨励金、報奨」とあります。それぞれの訳語は経済学へ繋がり、人や組織を動かす機能を指します。ここで理解を深めるために、訳語のなかにある動機という視点で時効制度を考えます。我が国では殺人事件などの重大犯罪に対して時効が存在していましたが、DNA鑑定などから過去の犯罪を検証することが可能となりました。そして2010年に刑事訴訟法が改正され、「人を死亡させた罪」において「死刑に当たる罪」については、公訴時効が廃止されました。殺人などの重大犯罪に対して時効制度がなくなることで警察サイドはDNAのデータベースを用いて過去の犯罪を洗い直す動機が働きます。

　この結果、新聞報道において迷宮入りしていた重大犯罪が解決したケースが報道されています。逃亡している側は過去においては一定期間逃亡すれば、罪を逃れることができましたが、時効制度が廃止されることにより、永久に逃亡を続ける必要が生じ、逃亡の動機が低下する可能性があります。2011年にある重大犯罪者が自首してきたケース

( **重要キーワード** )

◆**分配**
　経済学の基本的な考え方として所得はその主体の貢献度に応じて支払われるという考え方をします。したがって、努力をし、より貢献した者に多く所得が支払われることなります。

がありましたが、時効廃止がかかわっていると考えられます。

　以上のことから、法律という制度を変更することにより、インセンティブが変化することがわかります。したがって、法律を考えるときにインセンティブの問題を考えることは重要な視点です。経営学の分野でもインセンティブの問題は多数出てきます。特に、経営戦略論といわれる分野は米国においては経済学の分野で発展したゲーム理論がその重要な手法として利用されており、ゲーム理論もまたインセンティブとかかわるものです。

　そのほか、政治学、社会学などの分野にも経済学で発展した手法が利用されています。経済学部以外の学生の皆さんにとっても、経済学を学ぶことで自分の専門の分野をより深く理解することが可能となります。そのため、経済学は多くの人々が学ぶべき学問なのです。

### 経済学の学び方

　経済学は現実の経済を前提として形成された学問です。したがって、現実経済のデータをみることはきわめて重要です。

　経済データを含め様々な日本のデータを集めた、『日本国勢図会』（公益財大法人　矢野恒太記念会）は毎年刊行され、最新のデータを集めることができます。現在はインターネット経由でも様々な経済データをみることができます。そのいくつかの代表例は以下の通りです。

　内閣府：http://www.esri.cao.go.jp/index.html
　日本銀行：http://www.boj.or.jp/statistics/index.htm/
　総務省統計局：http://www.stat.go.jp/data/index.htm
　財務省：http://www.mof.go.jp/statistics/

データをみるだけでなく、現実の経済の動きをみることから得られる知見も多いです。例えば、スーパーに行き、野菜の価格の変化をみてみましょう。ある野菜の価格が上昇したり、ある地域の野菜の価格が下落しているのをみることで、なぜそのような現象が起きているのかを考えることが経済学を学ぶ第一歩です。

あるいは身近なところであるアイドルグループが毎年人気投票を行っていますが、なぜ投票を行うのかを考えてみたり、あるメンバーが前年度に比べ、順位を大幅に上げているメカニズムを考えてみても良いでしょう。経済学が考える対象は多種多様です。ノーベル経済学賞を受賞した経済学者ゲイリー・ベッカー（シカゴ大学教授）は結婚、出産、離婚、自殺などの人間行動を分析しています。その分析の前提となるのは現実の観察です。

集めたデータや現実を観察することから経済分析を行うのですが、そこで重要な作業は現象を抽象化することです。あらゆる要素を考慮に入れて分析することは理想的ですが、それでは問題の焦点がぼやけてしまう可能性があります。そこで、皆さんがある現象を説明するうえで何が重要かを考え、その部分に焦点を当てて考える必要があります。そしてほかの部分を所与というかたちで考えます。このような考え方は経済学の基本であり、その代表例が第1章で学ぶ需要と供給です。これは**部分均衡分析**と呼ばれ、ある現象に光りを当て、ほかの部分を所与としています。経済学はこのような抽象化を行って、**モデル分析**することが基本です。

モデル分析は第1章で説明するような需要と供給のシンプルなモデル分析から始まり、その対象となる問題に応じてモデルを変え、考察します。したがって、数学的な知識は必要となります。もちろん大学

によっては経済学を学ぶための数学の授業があると思いますので、そこでいやがらずに勉強しましょう。

### 経済学の考え方の基本

　人間の行動分析をしたベッカー教授の話をすでに述べましたが、ベッカー教授が人間行動を考えるときの基本は合理性です。つまり、自己の満足を最大化することを前提として分析しています。経済学は常に**合理的な行動**を前提として考えられています。経済主体として家計である個人はベッカー教授の分析だけでなく、**効用最大化**を前提としています。また、企業は**利潤最大化**を前提として行動します。企業の利潤最大化行動についての詳細な分析は第2章で説明しますが、この前提条件のもとで合理的に行動することを考えることが重要となります。

　合理的な行動を前提とした多数の家計および企業から構成される世界が、**市場**の前提となります。この経済主体が合理的に行動することから市場は機能します。この市場の機能（メカニズム）についての詳細な分析は第1章で行います。この市場メカニズムが我々にとって望ましい状況を作り、経済学は常にこの市場メカニズムが機能しているもとで経済分析を行うことが基本となります。

　しかし、市場メカニズムは万全ではありません。市場メカニズムに委ねていながら、我々にとって望ましい状況が作られないケースがあります。この問題は、第3章の市場の失敗や不完全競争で説明します。

### 自分で考えることの大切さ

　経済学を学ぶことは決して平坦な道ではありません。山あり谷あり

で皆さんも苦労されるかもしれません。しかし忘れてはいけないことが一つあります。おそらく皆さんは高校まではあまり「考える」ことを求められなかったと思います。

しかし、大学の勉強で必要とされているのは記憶力ではなく考える力、さらに論理的な思考能力です。特に経済学でも基礎的な概念は最低限覚える必要がありますが、すべては論理的な糸で繋がっており、記憶という呪縛から解放されます。実は筆者自身が経済学を学び始めたとき、この呪縛から解放されてほっとした一人であり、経済学はまったく覚える必要がないので今でもこの分野に進んで良かったと思っています。

是非皆さんもこれから本書で「考えること」を始めてください。実は日本が抱える問題も、皆さんが一人ひとり考えることが出来たら解消されるかもしれません。

重要キーワード

◆効用最大化
　家計（個人）が自分の満足である効用を最大化しようとする状態のことです。

第Ⅰ部　ミクロ経済学

# 第1章　市場メカニズムのしくみ

　困難は、新しい思想にあるのではなく、大部分のわれわれと同じように教育されてきた人々の心の隅々にまで広がっている古い思想からの脱却にある（J. M. ケインズ〔出典：塩野谷祐一訳『雇用・利子および貨幣の一般理論』東洋経済新報社、1995年、序文〕）。

　皆さんが学ぶマクロ経済学のパイオニアであるケインズの言葉です。高校時代までは学ぶことは覚えることでした。したがって、経済学は理解し、考えるものであるとすると、覚えることに慣れきった皆さんは困惑してしまうわけです。進歩をするために、難しいことであるにもかかわらず、重要なことを説明しています。これは、学習するうえでも心に留めておくべきでしょう。

## 経済的分業と経済活動

　皆さんは、朝起きてから学校や職場に向うまでに、顔を洗うための水を汲みに出かけたり、朝食のため狩猟・採集をしたり、着替えをするために洋服を作ったりしますか。市場が未発達な状態では、自分が必要なものは自分（もしくは家族）で調達するしかない自給自足の生活でした。

　しかし、現代は水道の蛇口をひねれば顔を洗う水が出てきますし、

朝食に必要なものはスーパーやコンビニエンスストアで買うことができます。これは、複数の主体が作業の役割を分担して生産活動を行っていることを示しており、**分業**と呼びます。

経済は、分業によって様々な財・サービスの生産が行われています。生産された財・サービスは必要な人のもとへ渡り、消費されます。この生産した**財・サービスを必要な人のもとへ渡すことを交換**と呼び、経済活動は、**生産・交換・消費**で成り立っています（図1-1参照）。

図1-1が示すように経済活動のなかで生産活動を行うのは**生産者**であり、消費活動を行うのは**消費者**です。交換は、この両者の間で行われます。このように経済活動を行う人を**経済主体**と呼び、一般的には家計は消費者であり、企業は生産者であるとされます。家計や企業はどのようなものか、もう少し詳しくみていきましょう。

**家計**は財・サービスを購入し、消費する主体です。もちろん、財・サービスは無償で手に入るものではないので、交換するために必要な財・サービスをもっている必要があります。家計が交換に利用する財は通常貨幣です（貨幣については、第6章で詳しく説明します）。交換に使用する貨幣を手に入れるため、家計は労働を提供します。すなわち、家計は生産に必要な生産要素の一つである労働の提供者でもあります。また、土地や資本を提供し、利子・配当、地代などの収入を得ることもあります。

**企業**は財・サービスを生産する主体です。企業は、資本を元手に設備を整え、労働者を雇用して財・サービスの生産を行います。企業は生産者であると同時に生産に必要な労働サービスの購入者でもあります。そして、生産した財・サービスを家計やほかの企業や政府に販売、すなわち交換をします。

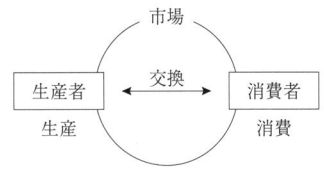

図1-1 消費者と生産者の関係

　経済活動のなかで、買い手と売り手によって交換が行われるのが**市場**です。市場にはいろいろな種類がありますが、皆さんが市場と聞いて思い浮かべるのは築地の魚市場や青果市場かもしれません。しかし、経済学では取引される財・サービスによる分類ではなく、市場の性質によって市場を分類し、分析します。

　本章では、完全競争市場について取り扱います。このほかに独占市場などの市場がありますがそれは第3章で説明します。

### 市場メカニズムと完全競争市場

　**完全競争市場**とはどのような市場でしょうか。まず、完全競争市場で取引されている財・サービスはすべて同質的であると考えます。例えば、同じ市場で取引されているリンゴであればすべて同じ品質のリンゴと考えます。

　次に取引されている財・サービスの品質や価格についての情報は市場参加者全員、すなわち財・サービスの売り手（生産者）と買い手（消費者）の両方が知っていると考えます。このような状態を「情報が完全である」(**完全情報**) と呼びます。

　さらに売り手（生産者）と買い手（消費者）は多数存在し、取引や情報のコストは発生しないと考えます。

これらの仮定をおくとどのようなことが起こるでしょうか。もし、市場価格よりも安く買いたいと思う買い手（消費者）がいたとしても、情報が完全なので、売り手（生産者）はほかに市場価格で購入してくれる買い手がいることを知っています。そのため、その買い手には売りません。売り手は市場価格で購入してくれる買い手に売ることが出来るので、買い手は市場価格よりも安く購入することはできません。

同様に、市場価格よりも高く売りたいと思う売り手（生産者）がいたとしても、買い手（消費者）はその売り手から買わず、市場価格で売ってくれる売り手から買えばよいので、売り手は市場価格よりも高い価格で売ることはできません。したがって、完全競争市場では同じ質の財・サービスは同じ市場価格で取引され、かつ市場価格を左右できるような単独の売り手（生産者）や買い手（消費者）は存在しません。

以上を総合すると完全競争市場においては、売り手（生産者）も買い手（消費者）も市場で決まった価格で取引を行うという**一物一価**が成立しています。完全競争市場に参加している売り手と買い手は市場で決定された価格を所与として取引するので、**価格受容者（プライステーカー）**と呼ばれます。

### 需要と需要曲線

**需要**とは買い手（消費者）が購入したいと思い、かつ購入することのできる財・サービスの量のことです。需要量と呼ぶこともあります。皆さんが買い物に行った時に欲しいものがあまりに高い場合は買うのをやめたり、思ったよりも安かったらまとめ買いをしたりということはないでしょうか。

一般的に消費者は財・サービスの価格が上昇すると買い控えて、価

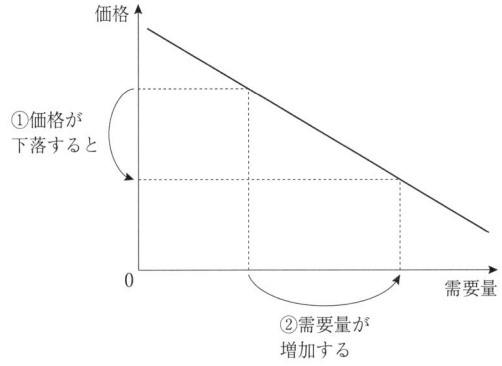

図1-2　需要の法則

格が下落すると購入しようとする行動をとると考えられます。価格と需要量は負の相関関係にあるといえるでしょう。このような行動をあらわしたものが**需要法則**です。

需要法則を図1-2に表してみましょう。価格と需要量の関係をあらわした曲線（図1-2の例は直線となっています）を**需要曲線**と呼びます。需要曲線は、消費者が価格を提示された時にどのくらいの量を購入したいのかをあらわしたものですが、同時にその量を購入するためにはいくら支払ってもよいかという支払許容額（最大限の支払可能額）をあらわすものでもあります。

重要キーワード

◆一物一価
　完全競争市場では、同質な財・サービスは同じ価格になります。
◆需要法則
　ほかの条件を一定にした場合に、需要量は価格の上昇につれて減少し、価格の下落につれて増加することです。

ある財・サービスの需要曲線がわかったとき、その需要曲線は常に一定なのでしょうか？　例えば、図1-3において、リンゴの価格が150円から100円に下落した場合にリンゴの需要量が100個から180個に増加するのは、ある需要曲線上の動きです。また、価格が150円から200円に上昇した場合に、リンゴの需要量が100から50に減少するのも需要曲線上の動きです。

しかし、図1-4が示しているようにリンゴの価格が150円のままなのに需要量が100個から200個に増えた場合はどうでしょうか。このとき、需要曲線は、別の需要曲線（$D$から$D'$）に移ったと考えることができます。このような動きを需要曲線のシフト（需要曲線がシフトした）と呼びます（また需要曲線のシフトを「需要の変化」と呼ぶことがあります）。したがって、需要という言葉を聞いたときには需要曲線の上の需要量の変化なのか、需要曲線のシフトなのかを見極める必要があります。

例えば、「駆け込み需要」という言葉を聞いたことがあると思います。平成26年4月1日より消費税が5％から8％に上昇したため、日用品の買いだめや自動車販売が3月までに大幅に増大したことが報道されました。この現象が「駆け込み需要」です。この言葉は、財価格が上昇する前に財を購入しようとすることで発生した状態を指しています。つまり需要曲線がシフトした状態です。

次に報道記事で紹介された「需要」についてみてみましょう。

「液化天然ガス（LNG）の世界的な価格が、過去最高値に向け上昇を続けている。**需要**の急増に供給が追いつかないことが背景で、世界の経済大国の燃料コスト急騰に拍車がかかる可能性がある」

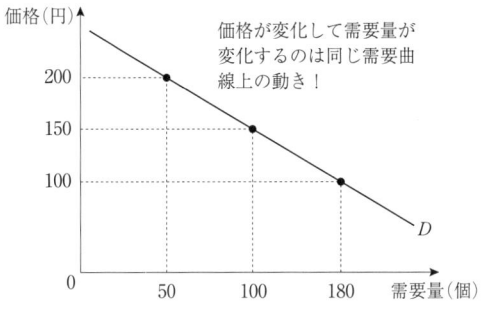

図1-3　価格変化と需要量の変化

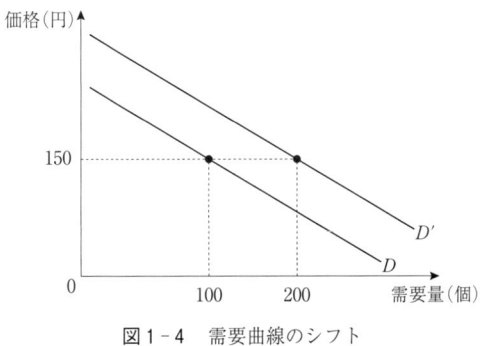

図1-4　需要曲線のシフト

(出典:『ロイター通信』2013年1月18日付)。

このケースも需要曲線のシフトを表しています。詳しくは供給曲線を学んでから考えてみましょう。

「米国産牛肉の主力で牛丼などに使われるショートプレート(バラ肉、冷凍)の国内卸価格が約1年ぶりに反落した。現地からの供給が増えたほか、高値で国内**需要**が減退したためだ」(出典:『日本

経済新聞』〔朝刊〕2012年8月25日付)。

　この例は、ショートプレートの価格が上昇したために、需要曲線上に沿って需要量が減少したことを示しています。上述の例から需要という言葉は日常的に用いられていることがわかります。ただ需要量と需要曲線の違いを認識せず、明確に区別していないケースがあります。

**需要曲線のシフト要因**

　需要曲線はどのような場合にシフトするのでしょうか。同じ価格なのに需要量が増加したり、減少したりした場合に需要曲線はシフトしたと考えられます。その要因の代表的なものとして、**消費者の所得の変化、関連する財価格の変化、嗜好の変化**などが挙げられます。以下では、この代表的要因について順番にみていきましょう。

　はじめに消費者の所得の変化から考えてみましょう。皆さんがバイトをしていて、バイトの帰りにアイスが食べたくなった場合について考えてみましょう。バイト代が入った日は十分にお金がありますから、アイスを買って帰り、バイト代が入る前日はアイスを買うのを我慢したことはありませんか。このようなバイト代や月々の給与などの収入を**所得**と呼びます。所得によって、購入量が変わることがあります。

　アイスの例のように所得が増加した場合には需要量が増加し、所得が減少した場合には需要量が減少する財を**上級(正常)財**と呼びます。一方、所得が増加した場合には需要量が減少し、所得が減少した場合に需要量が増加する財を**下級(劣等)財**と呼びます。

　次に関連する財価格の変化について考えてみましょう。皆さんが何か冷たいものが食べたくなり、スーパーに行ったときにプリン半額セ

ールをしていた場合について考えます。アイスでもプリンでも冷たいものであればよかったので、アイスではなく安くなっていたプリンを買ったとします。プリンの需要量は、価格が下落したので増加します。これは、需要曲線上の動きなので、プリンの需要曲線はシフトしていません。

一方、アイスの需要曲線はどうなるでしょうか。アイスの価格は変化していませんが、アイスの代わりにプリンを買っているのでアイスの需要量は減少します。価格は変化していないのに需要量が減少しているのですから、需要曲線はシフトしていると考えることができます。このようにほかの関連する財の価格が下落すると需要量を減少させ、ほかの関連する財の価格が上昇すると需要量を増加させる財を**代替財**と呼びます。また、ほかの関連する財の価格が下落すると需要量を増加させ、ほかの関連する財の価格が上昇すると需要量が減少する財を**補完財**と呼びます。

最後に嗜好（好み）の変化について考えてみましょう。人は、季節や年齢などによって嗜好が変化することがあります。暑い夏に戸外にいるときはアイスを食べたいと思い、寒い冬に戸外にいるときはアイスを食べたいとは思わないでしょう。このように財の価格は変化していなくても、嗜好の変化により需要量は変化します。

### 供給と供給曲線

**供給**とは売り手（生産者）が売却したいと思い、かつ売却することのできる財・サービスの量のことです。供給量と呼ぶこともあります。

もし、みなさんが自宅で作った野菜を販売しようと考えたとき、高い価格でも売れそうならば、自分で消費するよりもより多く売ろうと

するでしょう。また、逆に安い価格でしか売れないのであるならば販売するよりも自分で消費した方がよいと考え、供給量を減らすでしょう。一般的に生産者は財・サービスの価格が上昇すると生産を増加させて供給量を増大させ、価格が下落すると生産を減少させ、供給量を減少させる行動をとると考えられます。価格と供給量は正の相関関係にあるといえるでしょう。このような行動をあらわしたものが**供給法則**です。

供給法則を図1-5にあらわしてみましょう。価格と供給量の関係をあらわした曲線（図1-5の例は直線となっています）を**供給曲線**と呼びます。供給曲線は、生産者が価格を提示された場合にどのくらいの量を売却（生産）したいのかをあらわしたものです。図1-6において財価格が100円のとき、供給量は100単位であることを示しています。ここで生産者は1人あたり1単位のみを供給すると考えます。この仮定に基づき、図1-6では100円の場合は50人目の生産者が供給してもよいと考え、150円の場合は100人目の生産者が供給してもよいと考えています。

価格が上昇するとなぜ財を供給したいと考える生産者が増えるのでしょうか。先ほどの供給法則の説明をもとに考えてみましょう。

自宅で栽培した無農薬のこだわりリンゴが1個あるとします。その生産に要した費用は150円とします。したがって150円以上の価格で売ることができるのであるならば、自分で消費せず売ることを考えます。こだわりリンゴは150円の価格で売ることが可能と考え、この生産者は販売してもよいと考えます。このような販売してもよいと考える下限の価格150円を特に**留保価格**と呼びます。

この生産者は図1-6では100人目の生産者となります。101人目の

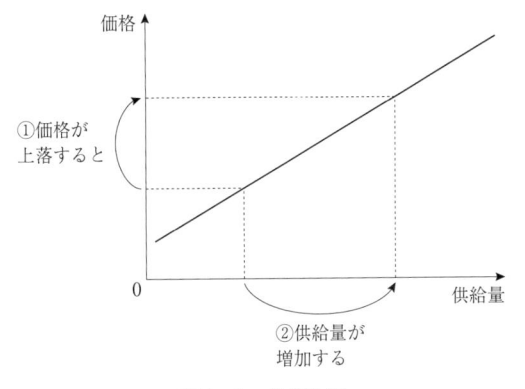

第1章　市場メカニズムのしくみ　25

図中ラベル：
価格
①価格が上落すると
0
供給量
②供給量が増加する

図 1-5　供給法則

(理解を深めよう)

◆代替財と補完財

　代替財の例としては古典的な例はコーヒーと紅茶です。皆さんにとってなじみのあるものは携帯電話の例でしょう。A社のCMで、あるグループが、それぞれ「(学生3年間)基本料ゼロ」、「家族も(基本料)ゼロ」というキャッチフレーズを宣伝していました。皆さんはこれをみて、他社に比べて通信料が安いので、A社に乗り換えた方もいるでしょう。これはA社と他社の携帯サービスが代替財であることを示しています。

　補完財の例としては古典的なものとしてコーヒーと砂糖の関係が挙げられます。コーヒー価格が上昇するとコーヒーの需要量が減少し、コーヒーに砂糖を入れる人が多いとするならば、砂糖の需要も減少します。現代的な例として携帯電話の例で考えてみましょう。携帯電話を通じてネットへのアクセスの増大は携帯電話会社にとって通信環境を拡充しなければ、対応できません。そのため、米国ではネットつなぎ放題というサービスがなくなりつつあるそうです。つまり、事実上の通信料の値上げです。このような通信料の価格上昇はスマートフォンに対する需要を減少させたとするならば携帯サービスと携帯電話本体は補完財の関係です。

図1-6 価格変化と供給量の変化

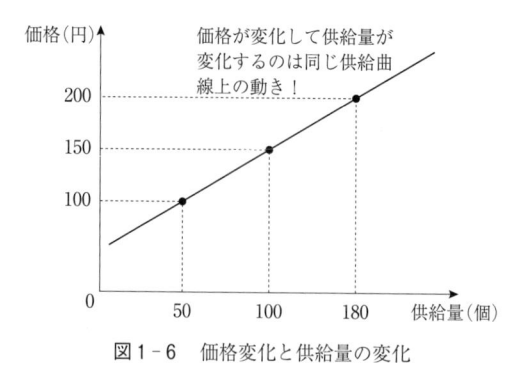

生産者は生産コストが152円とすると、価格が150円であるとするならば、供給しようとしませんが、152円で売れそうであるならば、供給します。そうすると市場にはトータルで101単位供給されます。図1-6に示されているように、供給曲線の供給量に対応する価格100円は50番目の生産者の留保価格あるいは**最低限の保証価格**を表しています。

### 供給曲線のシフト要因

ある財・サービスの供給曲線がわかったとき、その供給曲線は常に一定なのでしょうか？ 例えば、図1-6においてリンゴの価格が150円から100円に下落した場合に、リンゴの供給量が100個から50個に減少するのは、供給曲線上の供給量の変化です。また、リンゴの価格が150円から200円に上昇した場合に、100個から180個に増加するのも供給曲線上の変化です。

しかし、図1-7が示すようにリンゴの価格が150円のままで変化していないにもかかわらず、供給量が増えた場合はどのように考えたらよいでしょうか。このとき、供給曲線は、別の供給曲線に移ったと考

図1-7 供給曲線のシフト

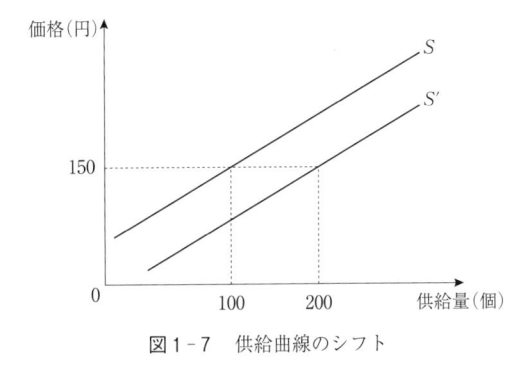

えることができます。このような動きを供給曲線のシフト（供給曲線がシフトした）と呼びます。

どのような場合に供給曲線はシフトするのでしょうか。同一価格なのに供給量が増加したり、減少したりした場合に供給曲線はシフトし

(理解を深めよう)

◆留保価格

消費者の場合、最大限の支払い可能な価格を表しています。留保価格は消費者や生産者だけでなく、株式投資など行っている人にも当てはまります。例えば、2011年に2800円台でトヨタ自動車の株式を購入した人が、2013年3月8日時点で4910円の株式価格に対して、6000円になるまでは売らないあるいは少なくとも6000円になったら売ろうと考えているならば、その投資家にとって6000円が留保価格となります。

(考えてみよう)

1．需要曲線上で需要量が変化するケースと需要曲線そのものが変化するケースを現実経済のなかで考えてみよう。
2．新聞記事のなかから需要という言葉をみつけ、この需要がどのような意味で使われているのか考えてみよう。

たと考えられます。その要因の代表的なものとして、**投入価格の変化**、**使用できる技術の変化**などが挙げられます。以下ではこの二つの要因について順番にみていきましょう。

最初に投入価格の変化について考えます。投入価格とは財・サービスの生産に利用される材料や労働などの価格のことです。供給曲線の高さが費用をあらわすものであることは、すでに説明しました。財を生産するために投入される生産要素については、序章で学びました。ここでは、その生産要素として労働について考えます。

リンゴを作るために労働者を雇う必要があるとするならば、その労働者に労働の対価である賃金を支払います。その賃金はリンゴを販売することで賄います。その賃金が上昇すれば、全体の生産費用も上昇しますし、賃金が下落すれば、全体のコストも下落します。このような生産費用の変化は最低限の保証価格に影響を与えます。生産要素である労働の価格上昇は最低限の保証価格を押し上げます。このことが各リンゴ生産者について同様に当てはまると考えるならば、各生産者の最低限の保証価格の上昇は供給曲線の上方シフトをもたらします。逆に賃金の下落は最低限の保証価格の下落を意味しますので図 1-7 のように供給曲線が $S'$ から $S$ に変化します。このように賃金という投入価格の変化が供給曲線のシフトをもたらします。

次に財を生産する場合に、利用する技術が変化した場合を考えてみましょう。リンゴで考えるならば、例えば品種改良が行われ、これまでは 1 本の木から10個のリンゴがとれていたのに対し、新しい苗木では20個とれるようになったとします。1 本の木を育てる費用は変わらないとするならば、リンゴ 1 個あたりの費用は低下します。つまり最低限の保証価格が低下することになります。この結果、図 1-7 のよ

うに供給曲線が $S$ から $S'$ に変化します。

これ以外にも今までよりも生産するための材料（たとえば農薬）が減ったならば、より少ない材料で生産することが可能になるでしょう。また、生産にかかる時間が短縮されれば、必要な労働量や電力などが削減されるかもしれません。

一方、環境対策として今まで利用できていた技術が利用できなくなり、より費用のかかる技術を活用しなくてはならなくなるかもしれません。このように生産に活用する技術が変化すると費用が変化し、供給曲線のシフトが生じるため、財価格が変化しなくても供給量に変化が生じます。

### 均衡価格と均衡取引量

消費者の消費行動より導出される需要曲線と生産者の供給行動より導出される供給曲線をそれぞれ説明しました。両者が交換を行う市場において、どのようなことが起こるのでしょうか。消費者と生産者が交換を行う場合、どのような価格でどれくらいの量の取引がなされるのかを考えてみましょう。

図1-8は右下がりの需要曲線と右上がりの供給曲線が示されています。市場でその財価格が仮に2000円とするならば、どのようなことが起きるでしょうか。生産者は財価格が2000円の場合、供給量は2000個とします。一方、需要者は2000円であれば、1000個だけ需要します。この場合、供給量2000個に対して、需要量が1000個なので財は1000個売れ残ります。つまり供給が需要を上回る状態です。このような状態を経済学では**超過供給**と呼びます。

超過供給が発生した場合、価格が下落します。このような価格の下

30　第Ⅰ部　ミクロ経済学

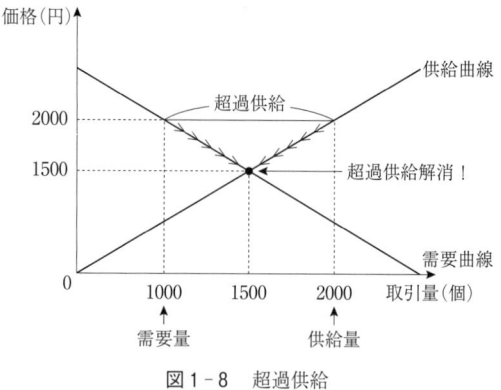

図1-8　超過供給

落により、最低限の保証価格が2000円の生産者は供給を断念します。さらなる価格低下により最低限の保証価格を下回る生産者は供給を抑制します。この状態は図1-8の供給曲線上に沿った矢印によって示されています。一方、このような価格の下落は需要量の増大をもたらし、図1-8の需要曲線上の矢印で示されています。

　このように供給量の減少と需要量の増大によって超過供給は縮小していきます。やがて需要曲線と供給曲線が一致した点で売れ残りがなくなり、超過供給が解消されます。そして1500円の価格は変化せず、したがって需要量と供給量も変化しません。そしてこの状態は需要量と供給量が一致した状態です。

　次に図1-9のように市場での財価格が1000円の場合、どうなるでしょうか。需要量は2000個であり、供給量は1000個であり、需要量が供給量を上回った状態です。このような状態を経済学では**超過需要**と呼びます。この状態は品不足の状態であり、価格は上昇します。こうした価格の上昇は供給サイドでは最低限の保証価格の上昇を意味する

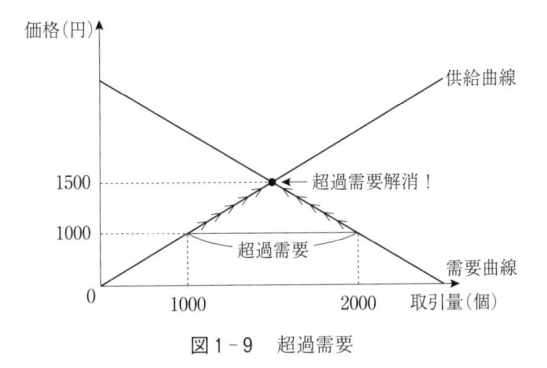

第1章 市場メカニズムのしくみ　31

図1-9　超過需要

ので供給量が増大し、図1-9の供給曲線上の矢印が示すように供給量の増大が発生します。

　一方、需要サイドは価格の上昇に伴い、需要曲線上に沿って需要量が減少します。やがて需要曲線と供給曲線が一致した点で品不足が解消されます。つまり図1-9の1500円の価格のもとでは需要量と供給量が一致します。需要と供給が一致するところで価格と取引量は変化しなくなります。この1500円の価格は図1-10が示すように、需要量と供給量が釣り合っている場合の価格であるので、**均衡価格**といい、このときの取引量を**均衡取引量**と呼びます。そして、この状態のもとでは市場は価格も取引量も変化しないので**均衡**している状態といいます。

　市場の均衡が達成された状態は消費者と生産者にとって望ましいのでしょうか。これから皆さんが経済学を学ぶうえで市場メカニズムに従うことが望ましいということを常に頭のなかに入れておいて欲しいと思います。その理由はこれまでの説明で明らかなように需要と供給が一致していない状態のもとで、国のようなある特定の機関が強制的

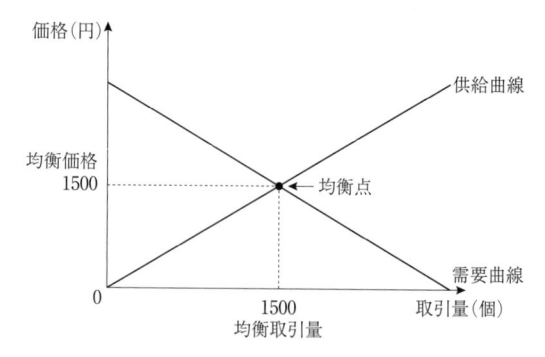

図1-10 均衡価格と均衡取引量

に需要量と供給量を調整する必要はなく、価格が変化することで需要者と供給者がそれぞれ需要量と供給量を調整します。しかも市場によってその調整スピードは異なりますが、株式市場であるならば瞬時のうちに調整されます。身近なところでも毎日スーパーに行くと野菜の価格が変化しているのは需要と供給が変化した結果なのです。このように市場内における需要と供給の調整が価格によって容易に調整されることが市場メカニズムの第一の利点です。

**消費者余剰と生産者余剰**

　第二の利点として、消費者と生産者にとって市場メカニズムに従うこと望ましい理由があります。それは両者にとって俗な言い方をすればお得だからです。その理由を考えていきましょう。

　図1-10において市場で決定された価格は1500円であり、消費者はこの金額を支払えば財を購入することができます。ここでも生産者の説明と同様に消費者は一人1単位のみを需要すると考えます。

　この場合、1500円のとき、1500番目の消費者が買うことができ、

1501番目の消費者は買うことができません。それは1501番目の消費者の留保価格（最大限の支払可能額）が1500円を下回った例えば1490円だったからです。つまり最大限支払ってもよい金額である留保価格よりも10円上回っているために断念したことになります。

　1500番目の消費者は留保価格を1500円とします。この消費者は留保価格と市場で決定された価格が等しいので購入します。1499番目の消費者を考えてみます。

　この消費者は1510円が留保価格とします。つまり最大限1510円まで支払ってもよいと考えていたところ、市場で決まった価格が1500円になったため、市場で買うことで10円得をしました。右下がりの需要曲線なので1498番目の人はさらに留保価格は高くなり1520円としますと、同じように市場で財を購入することで20円得をします。

　このようにどんどん遡っていくと、1番目の消費者はちょうど図1-10においては需要曲線と価格をあらわす縦軸の交点の消費者です。この消費者は最大限の支払い可能額である留保価格を10000円とするならば、市場で財を購入することにより10000−1500＝8500円得したことになります。このように個別の消費者が市場で得をしたものの総和を**消費者余剰**と呼び、図1-11においては需要曲線と均衡価格で囲まれた斜線で示された三角形$AEP^*$の部分になります。

　消費者余剰の概念を説明しましたが、現実にそのようなものが存在するのか、疑問に思う方もいるでしょう。身近な例を一つ紹介します。

　百貨店の伊勢丹と三越が発行するクレジットカードにMICARDがあります。このクレジットカードの特徴はカードを保有しただけで伊勢丹や三越をはじめとして系列の百貨店で割引を受けることができます。保有しただけで5％の優待割引、年間の買い上げ総額が20万円以

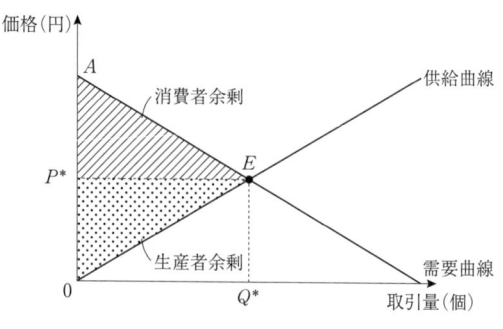

図1-11 消費者余剰と生産者余剰

上で翌年から7％、50万円以上は翌年から8％、100万円以上ならば翌年から10％の各優待割引が受けられます。このような割引制度を始めたのは伊勢丹でした。

百貨店はバーゲンの時期を除けば定価で売るのが常識の時代に伊勢丹が割引制度を導入したため、ライバルの大手百貨店は驚いたそうです。百貨店は元々高コストのため定価で販売してもうけが出るといわれたので自らの首を絞めるものだと思われました。しかし、このカードの導入は伊勢丹の成長を促進しました。伊勢丹はなぜ百貨店業界の常識を破るようなカードを作ったのでしょうか。

これは消費者余剰を導入したビジネスモデルの典型例と考えられます。割引を行うことで消費者余剰が増大します。例えば年間10万円を伊勢丹で購入することで5000円の割引を受けると、5000円分の消費者余剰が増大します。伊勢丹はその消費者余剰の一部をカード保有の年会費2100円として徴収しようというものです。つまりものを売ることから利益を出すのではなくカードを保有してもらうことにより、消費者余剰の一部を年会費というかたちでもうけを出そうという考え方で

す。仮に300万人がMICARDを保有していると、63億円が毎年何もしないで入ってくるのは商品を売るよりも楽なビジネスかもしれません。

　次に供給サイドである生産者にとって市場メカニズムに従うことの利点を考えます。生産者はすでに説明したように最低限の保証価格を上回る財価格のときに財を供給します。図1-10において各生産者が1単位のみ供給するとし、1500番目の生産者の最低限の保証価格を1500円とするならば、市場で決まった価格が1500円なので損も得もしませんが、供給をします。しかし、1501番目の生産者の最低限保証価格は右上がりの供給曲線なので1501円とするならば、1500円で財を供給するメリットはありません。1499番目の生産者の最低限の保証価格を1499円とするならば、市場で財を売ることで1円の儲けが生じます。需要者のケースと同様に遡っていくならば、供給曲線は原点を通っているので1番目の生産者は0円が最低限の保証価格です。1番目の生産者は市場で売ることで1500－0＝1500円の儲けが生じます。

　このような生産者が市場で財を売ることで生じた儲けの総和を**生産**

----

考えてみよう

　大学に入るときに皆さんは入学金を支払っています。制度上仕方なく支払っているのかもしれないのですが、これも消費者余剰を考えたビジネスです。年間の授業料は授業というサービスに対する対価ですが、授業料に比べお得な授業が行われているならば、消費者余剰が発生します。4年間の授業から生まれる消費者余剰の一部を入学金というかたちで、大学は入学当初に徴収しようとするものです。それ以外にも遊園地などの入場料なども同じ考え方です。

　以上の例だけでなく消費者余剰を用いたビジネスはいろいろありますので、調べてみましょう。

者余剰といいます。生産者余剰は図1-11において均衡価格と供給曲線で囲まれた、水玉で示された三角形 $P^*E0$ の部分になります。

以上から、消費者も生産者も市場で財を売ることで利益が生じています。消費者の利益の総和である消費者余剰と生産者の利益の総和である生産者余剰の総和を、特に**総余剰**と呼びます。経済全体の総余剰は図1-11において三角形 $AE0$ です。そしてこの総余剰は図1-11に市場均衡のもとで最大化されます。つまり、市場メカニズムに従うことで、消費者や生産者の利益の総和が最大化されます。これが市場メカニズムに従うことの第二の利点です。このように完全競争均衡が総余剰の最大化をもたらすことを**厚生経済学の第一定理**と呼びます。

## 神の見えざる手

完全競争均衡下で総余剰が最大化されていることを説明しましたが、消費者や生産者はお互いのことを考えて行動し、その結果、均衡に到達したのでしょうか。

消費者は自分の効用が最大となるように行動しています。一方、生産者は自分の利益が最大になるように行動しています。消費者も生産者も自分の利益にのみ関心をもって行動をしていますが、総余剰は最大化されました。すなわち、完全競争均衡は**効率**的な資源配分を達成することができることを示しています。

イギリスの古典派経済学者である**アダム・スミス**は完全競争均衡のことを「自由競争によって見えざる手が働き、最大の繁栄がもたらされる」と言いあらわしました。これは、あたかも**神の見えざる手**が働いているかのようです。このように神の見えざる手が働くのであるから、完全競争市場に手を加えず、為すに任せるべきであるとしたこと

からレッセフェール（laissez-faire、フランス語で「為すに任せよ」の意味）という言葉も完全競争均衡の説明の際に利用されることがあります。

完全競争市場において消費者と生産者は価格受容者（プライス・テーカー）として自分の利益が最大となるように行動しています。それぞれの経済主体が独自に意思決定を行っても、神の見えざる手によって市場は効率的な資源配分を達成できました。しかし、経済主体が自

重要キーワード

◆厚生経済学の第一定理と効率性
　厚生経済学の第一定理とは「完全競争均衡はパレート最適性を実現する」というものです。パレート最適性の厳密な定義はミクロ経済学で学んでいただきたいのですが、ここでは簡単にいうならば相手を不利にすることなく自己を有利に出来ない状態です。消費者余剰と生産者余剰のところで用いた数値例を使って考えてみましょう。
　図1-10において1499番目の需要者は1510円まで出してもよいと考え、同じく1499番目の供給者も1499円以上であるならば売ってもよいと考えます。両者が交渉して取引をしていると考えるならば、1499番目同士が1500円という価格で取引するならば、お互い得をします。つまり、相手に不利になることなく、取引可能です。しかし、1500番目の需要者が1500円以下なら買ってもよいと考え、1500番目の供給者は1500円以上であるならば、売ってもよいと考えます。この場合、需要者は供給者に1499円で売って欲しいというならば、生産者は自分が損をしてしまうので売りません。一方、供給者が1501円で買って欲しいと需要者にいうならば、需要者は損をしてしまうので買いません。両者とも自分にとって有利な取引（余剰が発生するような取引）をしようと考えると相手が不利となります。つまり、相手を不利にすることなく自分を有利に出来ない状態なので、パレート最適な状態です。このパレート最適な状態は効率的な状態です。そして、このパレート最適な状態は完全競争均衡として実現しているので、厚生経済学の第一定理が成立しています。

由な経済活動を行っていれば、常に市場が効率的な資源配分をもたらすとは限りません。このように経済主体の自由な経済活動が効率的な資源配分をもたらさないことを**市場の失敗**と呼びます。第3章では、市場の失敗について、例を挙げながら学習します。

## 第2章　企業の構造を見てみよう

A lot of companies have chosen to downsize, and maybe that was the right thing for them. We chose a different path. Our belief was that if we kept putting great products in front of customers, they would continue to open their wallets.（スティーブ・ジョブズ〔出典：『Business Week』2003年8月18-25日号）

　故スティーブ・ジョブズの言葉です。日本企業が後ろ向きのリストラを推し進めるなかで、独創的な製品を市場に供給し続けることこそ、企業の成長に必要なことであることを示したものです。

### 企業の種類と役割

　企業は営利を目的として活動する主体であり、その出資母体より大きく2種類に分けることができます。国、地方公共団体などが出資母体となり運営されている**公企業**と**私企業**です。私企業はさらに**個人企業**と**法人企業**に分類されます（表2-1参照）。個人企業は法人を設立せず、個人が事業を行う自営業者が一般的に当てはまります。一方、法人企業の主な主体は会社企業です。さらに会社企業は、**株式会社**（有限会社を含む）、**合名会社**、**合資会社**、合同会社および相互会社から構成されています。

```
            ┌ 公企業：国有林野事業等（国営企業）、
            │       上下水道・公立病院等（地方公営企業）
            │       ┌ 個人企業：農家、個人商店
            │ 私企業 │       ┌ 合名会社
            └       │       │ 合資会社
                    └ 法人企業 │ 合同会社
                            └ 株式会社
```

我が国の企業数は平成21年現在、約448万存在し、そのうち、個人企業が約242万6000企業（企業等全体の54.1％）となっており、法人企業が180万6000企業（同40.3％）となっています（総務省「平成21年経済センサス—基礎調査」）。

現代社会において企業の果たす役割は多様ですが、その基本は資金を調達して、その資金をもとに生産設備などを購入し、さらに労働者を雇用して経済活動を行います。その経済活動は製造業（メーカー）であるならば、財という製品を作ります。経済学が分析の対象とする主な企業は株式会社です。株式会社はその資金調達の方法として**株式**を発行して資金を調達する法人企業のひとつです。株式はかつて株券として発行されていましたが、電子化され、今は株券をみることはありません。

株式を所有する主体を**株主**と呼びます。株主はその企業の株式を所有することで、その保有比率（持株比率）分の権利と責任が生じます。権利とはその企業の所有者としての権利であり、代表例はその企業が株主に対して利益の分配である**配当**を受け取ることです。

表2-2は日本を代表する自動車メーカーである日産自動車の2004

表2-1　企業の種類別企業数

|  | 総数 | 法人企業 | 個人企業 | その他の企業 |
|---|---|---|---|---|
| 企業数 | 4480753 | 1805545 | 2426234 | 248974 |
| 割合（％） | 100 | 40.3 | 54.1 | 5.6 |

(出典)　総務省「平成21年経済センサス―基礎調査」より筆者作成。

表2-2　日産自動車の年次配当と当期純利益の推移

|  | 2004年 | 2005年 | 2006年 | 2007年 | 2008年 | 2009年 | 2010年 | 2011年 |
|---|---|---|---|---|---|---|---|---|
| 配当額（円） | 24 | 29 | 34 | 40 | 11 | 0 | 10 | 20 |
| 当期純利益(億円) | 5123 | 5181 | 4608 | 4823 | －2337 | 424 | 3192 | 2700 |

(出典)　日産自動車ホームページ「投資家への皆様へ：配当情報」(http://www.nissa-global.com/JP/IR/DIVIDEND/) より筆者作成。

年から2011年（同年は予定であり確定値ではありません）までの1株あたりの配当の推移です。この推移をみると、配当額が変化していることがわかります。その理由は配当の原資である企業の**利潤**が変化しているためです。利潤とは、企業の財やサービスを販売することによる**売上（収入）**から財やサービスを生産および販売するために要した**費用**を除いたものです。以下のような式で表すことができます。

利潤＝収入(売上)－費用

重要キーワード

◆**株式会社**
　株主が株式所有分の責任を負う企業形態のことです。
◆**合名会社**
　債権者に対して所有者が無限責任を有する企業形態のことです。
◆**合資会社**
　債権者に対して無限責任を社員が負いますが、その責任の範囲が自己の出資額を限度とするような企業形態のことです。

この利潤より表2-2の当期純利益を考えることができます。2004年から2011年までの当期純利益をみると、前年度の当期純利益が翌年の配当に影響を与えることがわかります。つまり配当は前年度の当期純利益をもとにしています。したがって2009年度は前年度の当期純利益が赤字であるために、配当がゼロとなっています。当期純利益が赤字であっても配当を出す企業があります。その理由は当期純利益をすべて配当として支払うわけではなく、当期純利益の一部は**内部留保**というかたちで企業が保有し、将来の投資のために用いたり、将来のリスクのために保有したりします。2009年にトヨタ自動車は赤字に転落しましたが、100円の配当を実施できたのは潤沢な内部留保をもっていたからでした。

株式を保有する企業が株式公開を行っているならば、その株式は東京証券取引所に代表される**株式市場**において売買可能となります。そのような株式を保有する株主は、市場で取引される株式の価格である**株価**が上昇することを求めます。それはその株式を購入した時点での価格よりも市場で取引される価格が高ければ、その株式を売却することで利益を得ることができるからです。これを**キャピタルゲイン**と呼びます。逆に値下がりしている場合は損をします。これを**キャピタルロス**といいます。

以上より、株式を公開している企業の株を保有する株主が株式をもつことによる儲け(**収益**)は、配当とキャピタルゲインから構成されていることがわかります。収益という観点から配当のことは特に**インカムゲイン**と呼ぶことがあります。

## 企業は誰のものか

　企業の株式を所有する株主の権利についてはすでに説明しましたが、責任について考えてみましょう。

　責任を考えるためには企業は誰のものかということからはじめます。企業の所有者は株主です。ただし、すでに説明したように、株主は株式の持株比率分の責任が生じます。具体的には企業が倒産した場合、企業の株式の価値は実質的にゼロとなり、出資者である株主はその保有する株式の価値がゼロとなるというかたちで出資額の範囲内で責任を負います。これを**有限責任**と呼びます。

　所有者としての株主の権利として重要なものの一つは**株主総会**における**議決権**です。これは「株式一株につき一個の議決権」（会社法第308条第1項）を有することが定められています。ただし、実際の企業の経営を株主が行うケースはそれほど多くありません。現代企業の特

──（理解を深めよう）──────────────────────

### ◆経済学の利潤と会計学の利潤

　大学において簿記あるいは会計学を学ぶ機会があると思います。会計学の世界での利潤は経済学よりも多様であり、加えて、費用についての考え方が経済学と会計学では異なります。その違いを考慮に入れると、経済学の利潤に近いものは**営業利益**です。営業利益は

$$営業利益 = 売上高 - 売上原価 - 販売および一般管理費$$

という関係です。この営業利益をもとに、さらに何段階かのプロセスを経て税金を支払った後の利潤が**当期純利益**です。ただし、本章で挙げた日産の当期純利益は連結当期純利益と呼ばれるもので、日産と資本関係がある主要な企業との利益の合算と考えてください。詳しいことはここでは省略しますが、この当期純利益が配当の原資となります。

徴としては、株主より株主総会において選任された取締役が**取締役会**を組織し、専門的な知識や能力をもとに業務執行というかたちで経営を行います。

さらに取締役会では**代表取締役**を決定します。経済学の世界ではかなりシンプルな構造を考えており、取締役会はなく代表取締役という経営者が経営を担っていることを仮定しています。このように所有者である株主が経営には直接的にはかかわらないような経営形態を**所有と経営の分離**と呼び、現代企業の大きな特徴です。

### 財務諸表

企業は株主をはじめとして利害関係者に自企業に関する情報を公開していますが、これは主に財務諸表の発表というかたちで行われます。代表的な財務諸表には**貸借対照表**（バランスシートB/S）と**損益計算書**（P/L）が存在します。貸借対照表は企業のある一時点における**財政状態**を示すものです。損益計算書は企業のある期間における経営成績を示しています。簡単にいうと、貸借対照表（図2-1参照）の右側（**貸方**といいます）は資金の調達を示しています。負債の部には借入金や債券発行により調達した資金などの残高が示され、資本の部には株式発行により調達した資金の残高や毎期の利益の内部留保残高などが示されます。左側（**借方**といいます）は調達資金の使途を示しており、各資産の残高が示されています。

損益計算書（図2-2参照）は一定期間における経営成績を示したものです。収益の内訳が右側に示され、左側にその収益に対応する費用の内訳が示されます。その差額が、今期の利益となります。

具体的に貸借対照表と損益計算書がどのようになるのか、簡単な例

|  B/S  |     |
| --- | --- |
| 資産 | 負債 |
|  | 資本 |

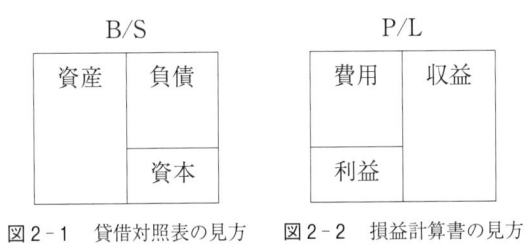

図2-1　貸借対照表の見方

|  P/L  |     |
| --- | --- |
| 費用 | 収益 |
| 利益 |  |

図2-2　損益計算書の見方

| 設備150 | 借入金100 |
| --- | --- |
| 有価証券50 | 資本金100 |

図2-3　企業Aの貸借対照表

（図2-3、図2-4参照）でみてみましょう。

　企業Aは設立にあたり銀行から100借り入れするとともに、株式を発行して100の資金を調達し、設備を150、有価証券を50購入しました。このときのB/Sは図2-3のようになります。

その後、企業Aは1年間設備を使って商品（会計では財とは呼ばないた

重要キーワード

◆株主総会
　株主を構成員として企業の重要事項を決定する最高意思決定機関です。日本の会社法（第295条第1項）において株主総会は「その法律に規定する事項及び株式会社の組織、運営、管理その他株式会社に関する一切の事項について決議をすることができる」ことを定めています。

◆財政状態
　経済学の言葉ではなく、会計分野の言葉です。企業の資産や負債、そして資本の状態をあらわします。資産は現金や預金、土地、建物、売掛金、貸付金などです。負債は買掛金や借入金などです。資本は株主などが出資したものです。資産、負債、資本の間には次のような関係があります。

　　資産－負債＝資本

P/L

| 費用60 | 売上80 |
|---|---|
| 利益20 | |

B/S

| 現金20 | 借入金100 |
|---|---|
| 設備150 | 資本金100 |
| 有価証券50 | 20 |

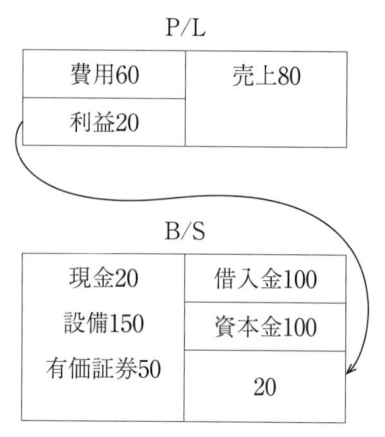

図2-4　1年間の企業Aの損益計算書と貸借対照表

め、このように記述します)を製造し、それを販売しました。売上高は80であり、費用は60でした。1年間のP/L、1年後のB/Sはどうなるでしょうか。

1年間の活動から生じた利益は20で、現金がその分入ってきたとします。この利益20は資本の部に振り替えられます。結局、貸借対照表は、現金20、資本の部20がそれぞれ付け加わるようなかたちになります(図2-4参照)。

### 生産関数

　皆さんが最初に学ぶ経済学としてミクロ経済学があります。その基本的な内容については序章で説明しましたが、ミクロ経済学は消費者や企業という各経済主体の行動について学びます。そのなかで企業の分野は、多くの方が学び始めると挫折を経験します。その理由は教科書の書き方のわかりにくさにあります。そこで、本章の最後にミクロ

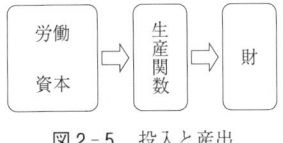

図2-5 投入と産出

経済学における企業についての概観を説明します。

企業を考えるうえで経済学は生産関数を基礎に考えます。すでに財やサービス（以下「サービス」は省略します）を生産するための生産要素として、労働・土地・資本をあげましたが、ここでは労働と資本に限定して考えます。これら労働と資本を投入して財が生産され、その関係は図2-5に示されています。特に財が生産されることを産出と呼びます。この生産関数は技術を表したものですが、その中味はブラックボックスとなっており、皆さんが学ぶミクロ経済学ではその内側について考える必要はありません。

生産関数という名前が付くように、これらの関係は関数形態で表すことができます。財の生産量を $y$ とし、労働および資本の投入量をそれぞれ $L$、$K$ とあらわすと以下のように与えられます。

$$y = f(L, K)$$

$f$ は技術をあらわしたものです。上式は一般的には縦軸に財の生産量 $y$ をとり、横軸平面は労働および資本の投入量をそれぞれ $L$、$K$ によって作られる、図2-6のような形状の図が描かれます。

生産関数の形状を特に**生産曲面**と呼び、このような生産関数を前提として皆さんがミクロ経済学などで学ぶ企業をすべて考えることがで

図2-6 生産関数

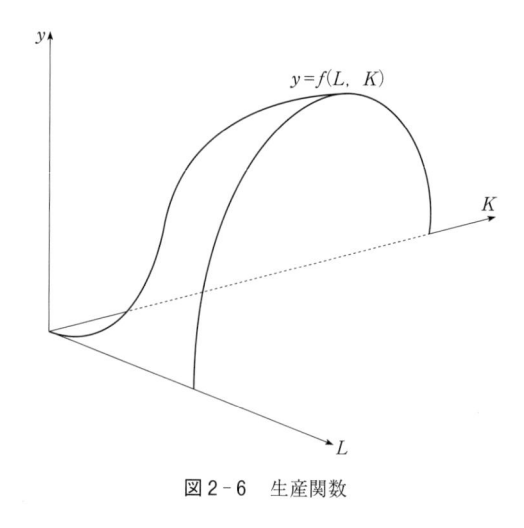

きます。企業をこの生産関数をもとに二つの視点から考えます。

**時間の概念と利潤最大化**

一つの視点は時間です。ミクロ経済学では時間の概念は基本的に**短期**と**長期**の二つしかありません。短期と長期は一般的にも使われている言葉ですが、ミクロ経済学では統一的に以下のように考えます。

短期：一部の生産要素が固定的な状態
長期：すべての生産要素が可変的な状態

先ほど提示した生産関数 $y=f(L、K)$ は労働も資本も可変的な状態、つまりすべての生産要素が可変的な状態を表しているので長期の生産関数を表しています。一部の生産要素が固定的な状態とは労働に比べ、

生産設備である資本は相対的に調整の時間を要すると考えられますので、短期において固定的と考えることができます。したがって短期の生産関数は

$$y = f(L、\overline{K})$$

となります。

短期の生産関数は図2-7において$\overline{K}$で生産曲面を$(L、y)$平面で平行に切った断面図となり、図2-8のようになります。

企業を学ぶ際の一つの視点として時間の概念を説明しました。この短期の生産関数を前提として、もう一つの重要な概念を学びます。

企業の目的はすでに説明したように**利潤最大化**です。利潤は収入から費用を除いたものとして定義されることをすでに学びましたが、収入および費用の中味についてもう少し詳しく考えます。収入とは売上であり、生産量は$y$ですので、財の値段つまり財価格を$p$とすると

$$収入 = 財価格・生産量 = p \cdot y$$

となります。次に費用について考えます。生産要素は労働および資本のみであり、労働の価格は**賃金**で$w$と表し、資本の価格を資本財価格とし、$r$と表します。企業の費用はそれぞれの生産要素の価格に生産要素の投入量を掛け合わせたものの和となります。したがって、

$$費用 = wL + r\overline{K}$$

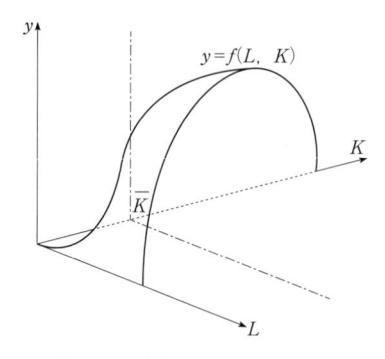

図2-7　短期の生産関数の導出

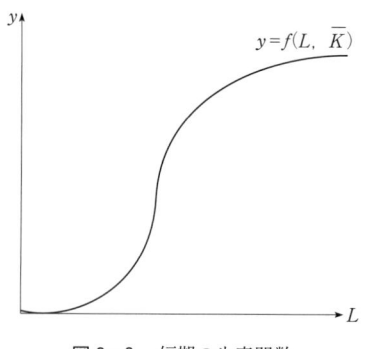

図2-8　短期の生産関数

となります。以上から企業の利潤を $\pi$ とするならば、

$$\pi = py - (wL + r\overline{K}) \tag{1}$$

となります。短期において労働は可変的な生産要素であり、資本は固定的生産要素なので上式のようなかたちで表されており、$wL$ は生産量が変化すると投入量が変化するので費用も変化します。したがって

**総可変費用**と呼びます。また、$r\bar{K}$は生産量に関係なく固定的な費用なので、**固定費用**と呼びます。

利潤最大化を実現するためには企業はどのように行動したらよいのでしょう。おもちゃメーカーとして有名なタカラトミーに関する以下の記事をみてください。

「タカラトミーの2014年3月期は、人員削減が20億円前後の営業増益要因になりそうだ。同社は今年1月、今期中に国内従業員の1割強（連結ベース）に当たる約150人の希望退職を実施すると発表済み。固定費を削減し、中長期的な玩具市場の縮小に備える。

希望退職は3月1日までの募集で、退職日は同20日。今期の連結営業利益見通しは前期比5割減の51億円。ヒット作に恵まれず業績が落ち込んでいる。

リストラ効果を単純に上乗せすると、来期は今期見込み比で4割の営業増益となる」（出典：『日本経済新聞』〔朝刊〕2013年2月26日付）。

この記事でわかることは人員削減とは生産関数における労働投入量を減らすことです。これがなぜ営業利益という利潤を増大させるのでしょうか。簡単な数値例で考えてみましょう。

今まで1000人の労働者で10000単位の財を作っていたとします。しかし、同じ10000単位を作るのにより効率的な生産を行うと900人でできるとしたならば、100人の労働者の削減を通じて、100人分の人件費を減少させることができます。これが新聞記事の「4割の営業増益」に理由となっています。

このような考え方を企業理論において**費用最小化による利潤最大化**

と呼びます。(1)式のように、収入が変わらないもとで利潤を最大化するためには、費用を最小化するということになります。このような考え方は、タカラトミーのような経営状態が悪い企業だけの話ではありません。日本を代表する自動車メーカーであるトヨタ自動車は、しばしば「乾いた雑巾を絞る」企業であるといわれています。「乾いた雑巾」とはすでに労働者を削減し、費用を最小化している状態のことですが、それをさらに絞るということはさらなる費用削減を実施していることを表す象徴的な言葉です。

　次に別の視点で利潤最大化を考えてみましょう。ここでも以下の新聞記事をご覧ください。


　「ユニ・チャームが31日発表した2012年4～12月期連結決算は、経常利益が前年同期比24％増の458億円だった。インドネシアや中国などアジアを中心に、海外で紙おむつや生理用品の販売が好調だった。円安・ドル高などによる23億円の為替差益の発生も利益を押し上げた。
　売上高は15％増の3644億円だった。地域別で増収率が大きかったのはアジアと中東。現地通貨ベースでは、中国が27％、インドネシアが39％、タイが8％の増収だった。
　国内事業も4％の増収を確保した。生理用品や乳幼児用紙おむつは苦戦したが、大人用紙おむつの売り上げが1割弱伸びた」(出典：『日本経済新聞』〔朝刊〕2013年2月1日付)。


　ユニ・チャームが売上という収入を15％増大させることで経常利益を24％増大させたことを示しています。ここでの考え方は(1)式のように費用は変わらないとするならば、収入を増大させれば、利潤最大化

を実現できることを示しています。このような考え方を**収入最大化に基づく利潤最大化**と呼びます。

以上の説明からもわかるように、企業の目的である利潤最大化という視点を費用最小化および収入最大化という視点で考えることが、企業を考えるうえでの重要な視点となります。この短期の生産関数を使って、費用最小化と収入最大化をより詳しく考えてみましょう。

図2-9をみて下さい。10000単位の生産量から横線を引きます。1000人の労働者を投入しても10000単位の生産は可能ですが、横線と生産関数が交わったところにある900人の労働者は10000単位を実現するための最小な労働投入を表しています。この状態が短期における生産関数上の費用最小化を実現する状態であることがわかります。

次に収入最大化に基づく利潤最大化の状態を図2-10を用いて考えてみましょう。900人の労働者で7000単位の財を生産することも可能ですが、最大限実現可能な生産量は、900人の労働者のもとでの縦軸ラインと生産関数の交点である10000単位を表しています。生産量が最大化されるということは収入が最大化されることを意味しています。

## 「短期」と「長期」の重要性

短期と長期という時間の概念についてすでに説明しましたが、短期と長期の区別がなぜ重要なのでしょうか。短期の定義は一部の生産要素が固定的な状態ですが、「固定的な状態」が鍵となります。

この企業が供給する財の産業を例えば、自動車産業としましょう。ただし自動車産業は多数の企業から構成され、完全競争が成立していると仮定した産業とし、この自動車産業はすべての企業が正の利潤を上げ、いわゆる儲かっている産業とします。当然儲かっているのであ

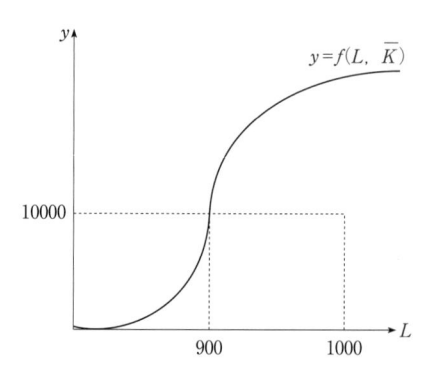

図 2-9 費用最小化と生産関数の読み方

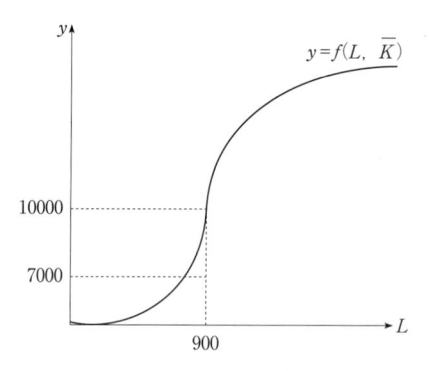

図 2-10 収入最大化と生産関数の読み方

るならば、この産業に入って儲けようとする企業が現れるのは当然です。このような産業に入ろうとすることを特に**参入**と呼びます。参入を意図している企業にとって短期とは、**一部の生産要素を市場より調達できないために参入出来ない**ことをあらわしています。短期では参入したくても生産要素で考えるならば、資本という生産要素を市場よ

り調達できないために参入できないことを示しています。

　また、企業は儲かっているだけではありません。利潤が負である、つまり赤字企業も現実には多数あります。このような企業は儲かっていないので、生産を止めたいと考える企業も多いでしょう。しかし、短期では生産を中止できません。生産を中止し、産業より撤退することを**退出**と呼びます。退出を意図している企業はなぜ短期ではできないのでしょうか。仮に短期において生産を中止した場合、固定的な生産要素である資本を適正な価格つまり $r\overline{K}$ で売却せずにただ同然で売るかあるいは放置することになります。ここでは放置することにしましょう。この場合、もし長期の状態まで待つならば、$r\overline{K}$ で売却できるにもかかわらず、放置するので短期で生産を中止した場合、$r\overline{K}$ の損失が発生します。しかし、生産を継続した場合、損失が発生しますが

$$\text{生産継続による損失} < r\overline{K}$$

という関係が満たされるならば企業は短期において生産継続した方が

> (理解を深めよう)
>
> 　長期の定義は既に説明しましたが、長期では何が起こるのでしょう？すべての生産要素が可変的となるので、参入と退出が発生します。参入と退出の発生は企業数が可変的になるので、短期のように企業数を一定とする仮定とは異なった概念で、産業全体を考えなければなりません。詳しいことはミクロ経済学で学びますが、長期均衡という概念です。
> 　長期均衡とは、全ての企業が同じ技術をもっているならば、全ての企業の超過利潤がゼロになる状態です。超過利潤がゼロであるため、個別企業はこの産業への参入や退出のインセンティブが発生しません。そのため、長期均衡となります。

よいことになります。

逆に、

$$\text{生産継続による損失} > r\overline{K}$$

上記式のような関係が満たされる場合、企業は短期でも生産を中止し、産業より退出します。このケースのイメージとしては生産設備や工場を放置して閉鎖するような状態です。

昔ある日本企業が韓国において労働者である従業員に告知することなく突然生産を中止し、工場がロックアウトされ、日本企業の担当者が韓国より出国しようとして逮捕される事件がありました。これはその後、日本のマスコミでも取り上げられ、大問題となりましたが、これは「生産継続による損失$>r\overline{K}$」という関係の状態のため、その日本企業は生産設備を放置して韓国市場より退出したと解釈できます。このときのマスコミの論調は不可思議なものでした「企業は社会的な公器」なので生産を続けなければならないというものでした。今ではこのような論調はさすがにありませんが経済学の理解のなさのあらわれというべきでしょう。

このように短期においては参入・退出がないため、産業全体の企業数は一定です。したがって、供給曲線は第1章で学びましたが、より厳密な供給曲線の導出は個別企業の供給曲線を企業数分だけ集計化することで導出されます。

企業を考えるうえで時間という視点と費用最小化と収入最大化という視点で利潤最大化を考えることが重要であることを確認してください。

# 第3章　市場の失敗と不完全競争

You should be the change that you want to see in the world（マハトマ・ガンジー）.

ガンジーは皆さんに対して世界がこうあって欲しいと思う変化は皆さん自身がその変化を実現しなければならいことを語っています。ガンジーの時代とは異なりますが、地球温暖化などの環境問題を考えるとき、自らが変わらなければ何ら解決しないことを考えさせる言葉です。

## 市場の失敗と外部性

第1章において、市場メカニズムとその市場の重要な機能として「完全競争の最適性」について学びました。その説明のなかで重要なポイントは、需要と供給が一致したところでは**消費者余剰**と**生産余剰**の和であるところの**総余剰**が最大化されることでした。

これは経済学を学ぶうえで常に頭に入れておくべきことです。しかし、市場メカニズムに委ねることで総余剰の最大化が実現されないケースがあります。例えば、地球温暖化という問題を考えた場合、市場メカニズムが機能しているなかで、環境破壊という問題が発生しています。このような状態は決して総余剰最大化が実現されているとは思われません。完全競争の最適性が満たされない、つまり総余剰の最大

化が実現されない、こうした状態を**市場の失敗**と呼びます。環境破壊の例は**外部性**と呼ばれる市場の失敗のケースで、特にこのような負の影響を与える場合は外部性における**外部不経済**と呼びます。

## 公共財とは何か

　その昔ベストセラーとなったある本のなかで「日本人は水と安全はただだと思っている」という言葉がありました。この言葉は日本の姿を象徴するものとしてしばしば語られてきました。現在では水はただだと思っている人はいませんが、安全についてはただだと考える人は少なからずいるのではないでしょうか。こんな話があります。都心部のある地域に住む国会議員が大臣になりました。自宅の前に大臣警護の交番が設置され、24時間警護が行われたことで、その地域周辺の治安が格段に良くなったことがあったそうです。この場合の安全というサービスの提供はその大臣のために供給されているのですが、その周辺の人々がそのサービスを享受することを排除しようと仮に警察が考えても**排除費用が莫大**である場合、排除できません。そのため大臣を含め、その地域全体の人々が安全というサービスを享受することになります。そのため、警察による大臣への警護というサービスは大臣以外の人々が享受するのを排除することができないので、地域全体において**等量消費**にならざるを得ません。

　現実にはあり得ませんが、地域住民の人々に対して警護の費用の一部を負担してもらおうと料金を警察が徴収しようとしたら、どうなるでしょうか。おそらく多くの人は「ただなら、警護のサービスを需要したいが料金を払うのであるならばいらない」と答えるでしょう。その理由は皆が同じサービスを受けていることから、自分が支払わなく

ても他の人々がその費用を負担してくれるはずなので、自分は**ただ乗り（フリーライダー）**しようという考えです。このようなサービスを市場を通じて供給しようと考えても、フリーライドする需要者が発生するために対価を支払ってサービスを需要しようとはせず、結果として市場を通じて供給できません。供給することが望まれるにもかかわらず、市場メカニズムを通じて供給されないことは総余剰最大化が実現されない市場の失敗のケースです。このような財を特に**公共財**と呼びます。

公共財には別の性質もあります。これも具体例として NHK という公共放送について考えます。

NHK は民放と異なり、コマーシャル収入がないので、テレビを設置している全家庭より法律に基づき料金を徴収しています。放送番組の制作や日本中どこでも受信可能な状況作るための費用は必要ですが、番組の視聴者が増えることで、番組が視聴できなくなるような状況は

( 重要キーワード )--------

◆**外部性**
　ある経済主体の活動が市場を通さずに、直接ほかの経済主体に影響を与えることをいいます。$CO_2$ を排出することで地球温暖化という環境問題が発生していますが、その原因としては例えば、企業が財やサービスを生産する段階で大量の $CO_2$ を排出したり、個人が自動車を運転することで $CO_2$ を排出していることが挙げられます。そして、その状況は各経済主体の活動が地球全体の人々に対して温暖化というかたちで直接影響を与えています。しかし、$CO_2$ を排出することによってほかの経済主体が被る損害費用（例えば、地球温暖化による台風などといった自然災害の増大）を $CO_2$ を排出している主体は負担していません。その費用を負担していないために、社会的に望ましい $CO_2$ の排出よりも過大な排出がなされます。この結果、総余剰の最大化は実現されないと考えることができます。

発生しません。つまり需要者が追加的に一人増えることによる追加的費用はゼロです。需要者が増えることによる追加的費用がゼロであるような財あるいはサービス（**消費の非競合性**）は欲する人すべてに供給することが望ましいことになります。つまり、**等量消費**が望ましいことになりますが、このようなサービスを仮に市場を通じて供給した場合、価格はどのような水準が望ましいのでしょうか。欲する人々がすべて需要可能な状態で、しかも追加的費用がゼロなので**価格はゼロ**となります。価格がゼロのため通常の市場メカニズムを通じて供給することはできません。これも総余剰の最大化という観点からは市場の失敗となります。このため、NHKは法律により定められた料金を一律に徴収する形態で、放送というサービスを供給可能にしています。このような性質を満たす財も公共財と呼ばれます。

　消費の排除不可能性と消費の非競合性を同時に満たすような公共財を**純粋公共財**と呼びます。このような性質を満たす財はすでに例としてあげた安全にまつわる国防等が含まれます。逆に、両性質を満たさないような財を**私的財**と呼び、経済学が一般的に扱う財はこのような財です。またいずれかの性質を満たしているような財を**準公共財**と呼びます。

　表3-1は公共財を分類したものです。準公共財のなかで、非競合性を満たしながら、排除可能性の性質を持つ財を特に**クラブ財**と呼びます。

　同表にも挙げましたが、クラブ財は例のなかにあるスポーツクラブを考えるとよくわかります。あるスポーツクラブに入会しないと、そのスポーツクラブの様々な器具やサービスを利用できません。したがって、排除可能となりますが、いったん加入すれば、クラブの定員が

表 3-1 公共財の分類

|  | 排除可能性 | 排除不可能性 |
| --- | --- | --- |
| 競合性 | 私的財<br>経済学が扱う財 | コモンプール（準公共財）<br>例：漁業資源 |
| 非競合性 | クラブ財（準公共財）<br>例：スポーツクラブ・地域サービス・衛星放送（CS） | 純粋公共財<br>例：無料放送・国防 |

存在するので誰もが自由に混雑することなく、いつでも器具やサービスを享受できます。つまり非競合性を満たしています。CS 放送や BS の WOWOW に代表される衛星放送はスクランブルをかけることで、加入していない人は視聴ができなくなりますので、排除可能です。もちろん放送なので非競合性を満たしています。

市町村が提供するサービスも、その自治体に住民票を置かないとサービスを享受できませんので、排除可能です。その自治体が提供するサービスは、原則として誰もが自由に利用できます。

考えてみよう

身近な問題で外部性に伴う市場に失敗の例を考えてみてください。

公害のような外部不経済のケースだけでなく、外部経済のケース（他の経済主体が正の影響を与えることです）の市場に失敗も考えられます。皆さんは養蜂業をご存じでしょうか。昔からなじみのあるもので蜂蜜があります。蜂蜜などを採取するために蜂を飼うことを業とするビジネスですが、農家の立場からいうならば、受粉という作業を行ってくれる重要な仕事をするのが蜂です。養蜂業者の蜂は市場通さずに直接農家の農産物に対して受粉を行うことで、農家の生産にプラスの影響を与えています。仮に農家は1000匹の蜂に飛んできてもらいたいと思っても、養蜂業者は自分の利益のみを考えているために800匹しか飼っていないとするならば、社会的にみて最適な蜂よりも過小な蜂しか供給されておらず、これも市場の失敗です。

次に競合するが排除不可能であるような準公共財を**コモンプール**と呼びます。公海上の漁業資源は誰もが自由にとることが可能なので排除不可能です。しかし、限られた資源のため、誰かが大量にとれば、その漁業資源は減少あるいは枯渇してしまうため、競合性があります。

**寡占・独占**

第1章で完全競争について学びましたが、完全競争の前提は多数の需要者と供給者から構成され、しかもいずれの経済主体も市場において影響力を無視できるほど小さな存在であることを仮定していました。小さな存在とは1000人の需要者を考え、999人の需要者が1人1単位しか需要しないなかで、1人の需要者が1000単位需要するケースを考えます。この場合、市場全体の50％以上を1人の需要者が需要するので、市場への影響力は無視できません。このような状態は多数の需要者がいても完全競争とはいえません。

一方、供給者の側でも1000人の供給者を考え、999人が1人1単位を供給するなかで一人の供給者が1000単位供給する場合、50％以上を1人の供給者が供給しているので、需要者のケースと同様に市場への影響力は無視できません。市場への影響力とは価格設定に影響をおよぼします。

例えば、1000単位を需要する需要者は1単位を需要する需要者よりも価格交渉力があり、供給者に対してより安い価格を求める可能性があります。完全競争の世界では、あくまで個々の需要者および供給者は市場で与えられた価格を所与として行動します。これを**プライステイカー**と呼びます。さらに個々の主体は価格をみればすべての情報が伝わり、後は財を需要するか供給するかを決定します。完全競争的な

状態は別の言い方をするならば、市場メカニズムが機能しており、すべては市場で決定された価格に従って、需要量や供給量が調整される世界です。

完全競争的な世界に対して不完全競争とはどのような世界でしょうか。ここでは供給者が多数存在しない状況に限定して説明します。

図3-1は国内における乗用車の販売台数シェアです。2009年度の販売台数は約264万台であり、国内の乗用車市場は依然として自動車メーカーにとって大きな市場です。乗用車市場は完全競争的ではないことは明らかです。トヨタ自動車が50％近くの販売シェアをもち、それに続いてホンダ、日産自動車、マツダ、富士重工業と続き、上位5社で市場全体のおよそ90％を販売しています。当然のことながら上位5社の企業はプライステイカーではなく、ライバル企業の供給する乗用車の価格設定などをみて、自社の乗用車の価格設定などを行っています。このように少数企業によって財やサービスが供給される市場を**寡占市場**と呼び、完全競争市場との違いは目にみえる競争を行っているところです。つまりライバル企業の価格設定や供給量などをみながら自らの設定を行っています。

寡占市場の特殊ケースとして2企業によって財やサービスが供給されるケースを**複占市場**と呼びます。さらに1企業のみが財やサービス

( 重要キーワード ) - - - - - - - - - - - - - - - - - - - - - - - - - - - - - - - - - -

◆**消費の競合性と非競合性**
　非競合性とは、ある財を複数の主体によって消費するとき、ほかの主体の消費量を減少させることなく、皆が同一の消費量を需要できるような状態です。競合性が存在する状態は、ある消費者の需要拡大がほかの主体の消費を減少させます。

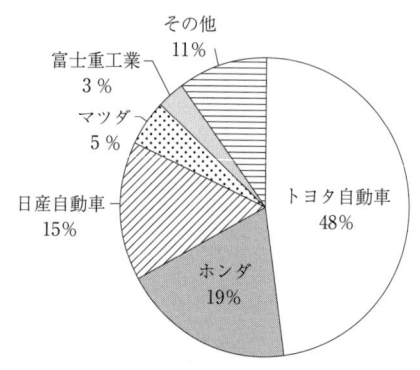

図3-1 乗用車（軽自動車を除く）国内販売台数シェア（2009年）
(出典)『NIKKEI 何でもランキング 2011』(日本経済新聞社、2011年、205頁) より筆者作成。

を供給する市場を**独占市場**と呼びます。

## 不完全競争市場が発生する理由

　なぜ不完全競争市場が生まれるのでしょうか。第一には技術的要因が考えられます。財やサービスを供給する企業のなかにはコンピューターと電話があればできるサービスもあります。一方で、工業地帯には巨大な生産設備をもった産業もあります。例えば、鉄鋼業や石油精製業、化学などが挙げられます。後者のような産業は**規模の経済性**が存在する産業といわれます。規模の経済性が存在する産業では、ほかの企業に先駆けていち早く生産量を拡大した企業は、ライバル企業よりも平均費用が低下させることが可能です。そのため、価格設定においてライバル企業より低い価格を設定することなどを通じて優位性をもつことが可能です。結果として、ライバル企業が市場より退出することで寡占状態あるいは独占状態が発生します。

　また、独占状態のもとで規模の経済性を生かし、平均費用を大幅に

下げることで、新規の参入企業が参入できない状態を構築することもできます。このような規模の経済性が存在するような産業は、寡占あるいは独占へと進む傾向があります。図3-1の自動車産業を考えても理解できます。1950年代、日本の自動車産業は多数の企業が存在していましたが、規模の経済性を生かした企業が市場に残り、現在の寡占市場が構築されました。

不完全競争市場が発生する第二の理由は政策的な要因です。アルツハイマー型認知症の進行を抑制する薬としてエーザイが開発した**アリセプト**という商品名で発売されている薬をご存じでしょうか。我が国のアルツハイマー型認知症の薬市場では80%のシェアを誇る薬で、世界市場でも大変有名な薬です。アリセプトと同じ成分の薬を2010年まではエーザイに**特許**が与えられていたため、ほかの企業は販売できませんでした。つまり、2010年まではエーザイが独占的に供給していたことになります。その理由は薬品を開発している企業が開発費用を回収できるようにするために、ある一定期間ほかの企業が類似品を作る

( 重要キーワード )---

◆**規模の経済性**
　生産量を拡大するにつれ、1単位あたりの費用（**平均費用**）が逓減する状態です。簡単な例を用いて考えてみます。ある財を生産するために必要とされる生産設備は機械だけであり、その費用を1000とします。人件費や光熱費といった生産量の変化に応じて必要とされる費用（**可変費用**）は存在しません。このとき、生産量が10のときは平均費用は1000/10＝100となり、生産量100のときは10となり、生産量が1000のときは1となります。このように、生産量の拡大とともに平均費用が逓減している状態を規模の経済性と呼びます。単位あたりに費用が逓減しているので、企業にとって価格設定が可能な状態（プライスセッター）であるならば、規模を拡大した企業はライバル企業よりも低い価格設定が可能となります。

ことを禁止したためです。

このような特許により政策的に独占市場が誕生します。音楽、映画、著作物などの**著作権**も独占的に財やサービスを提供することを認められたものです。このような特許や著作権などの**知的財産**に対して政府は独占的な販売の権利を与え、知的財産権を守ろうとしています。

## 不完全競争市場の特徴

寡占市場や独占市場において企業は利潤最大化を実現するように自ら価格や生産量を決定できます。自らが価格を設定できることを**プライスセッター**と呼びます。価格の設定や生産量の設定についての詳しい議論は、大学のミクロ経済学で学びますので、ここではこの問題には触れません。皆さんの身近なところにある寡占市場において何が起きているのかを考えてみましょう。

平成23年に放映されたある自動車メーカーのCMを覚えているでしょうか。アメリカの有名な映画俳優を起用した自動車のCMです。このCMのコンセプトは「リッター30キロでしかも低価格」という第三のエコカーであることを消費者にアピールすることだったと思います。そのために逆にその有名な映画俳優にこのキャッチフレーズを語らせずに、CMは終わります。しかし視聴者の多くは1リットルで30キロを走行する車であるということが残こったことでしょう。まさにこの自動車は低燃費・低価格というイメージを消費者に植え付けることができたわけです。

完全競争市場は需要と供給が一致したところで価格が決まります。ある財、例えば、自動車という財については一つの価格が形成されます。これを**一物一価の原則**といいます。しかし、自動車市場を考えて

みてもわかるように、様々な車種と価格設定の自動車が販売されています。

図3-1において軽自動車を除くと書いてありますが、軽自動車市場は2013年時点では年間約226万台の販売量を誇る市場であり、日本では一般の乗用車とは明確な市場の区分がなされています。当然のことながら、軽自動車というカテゴリーのなかでダイハツ、スズキ、ホンダ、日産などが競争しています。自動車メーカーは、ライバル企業の自動車に対して自社の製品のセールスポイントを訴えるために、先ほどの例のようにCMを流します。このようなCMなどを通じて他企業の財との違いを示すことを**差別化**と呼びます。

差別化は寡占市場における重要な特徴です。各企業は差別化を通じて需要者を区分し、そのターゲットとする需要者に対して財やサービスを提供します。この過程で需要者は自分の好みに合うのであるならば多少高くても財やサービスを購入します。逆に企業の立場で考えるならば、差別化することでライバル企業との価格競争（値下げ競争）

(理解を深めよう)

◆**寡占市場と差別化**
　私たちの身近なところでも、差別化が行われています。例えば、ラーメンという財を考えてみますと、博多ラーメン、札幌ラーメンなど多種多様であり、それぞれが独自の市場を形成しています。ラーメンというひとつの市場ではなくそれぞれが差別化を行うことで**ブランド**を構築し、価格競争を避けています。このような差別化は身の回りで多数あります。ファッション、雑誌なども当てはまります。
　このほかの身近な例としては皆さんが通う大学はどうでしょうか。平成26年度の大学入試では関西の近畿大学が志願者数全国一となったことが報道されました。近畿大学は「近大マグロ」を前面に打ち出し、「近大パワー」を受験生に訴えることで、他大学との差別化を図っています。

を避けることができるかもしれません。

　また乗用車市場も車のタイプによりセダン、ミニバン、SUVなど多数の区分があります。しかも、先ほど述べた日本の自動車メーカーは各区分にまたいろいろなブランドの乗用車を提供しています。例えば、ミニバン市場における日産自動車の代表ブランドはエルグランドとセレナです。日産は、エルグランドをミニバン市場において最高級の車種としてのイメージを構築するため、最新のテクノロジーを投入しています。一方、セレナは比較的手ごろな価格でありながら、お得感満載の機能をつけることで多くの顧客をつかもうとしています。ミニバン市場だけでも各企業間および同じ企業内で差別化を図り、ブランド形成を行っているわけです。

# 第Ⅱ部　マクロ経済学

# 第4章　GDPから考える景気と経済成長

　一家和合といふことは、一家族が互いに信頼するといふことから起る。信頼があってこそ、出来ることだ。また経済界においても工業、銀行、商業など各種当業者の間に相互の信頼があり、資本家と労働者の間にも、同様信頼があってこそ、繁栄を見ることが出来るのである（高橋是清〔出典：『随想録』中公クラシックス、2010年、263頁〕）。

　昭和二年の金融恐慌の際、大蔵大臣としてこの難問題を解決した時のことを語るエッセーの中で、経済繁栄の本質をこのように語りました。これは現代にも通用するものです。

**経済を測る**

　一国の経済状態を「経済成長が著しい」、「経済状況は踊り場である」などと、表現することがあります。しかし、それは何を基準として判断しているのでしょうか。経済の指標とされるものは様々ですが、一国の経済規模を測るときによく利用されるのは**国内総生産**（Gross Domestic Product：GDP）です。

　なぜ、GDPが経済指標として利用されることが多いのでしょうか。ある国の経済状況を判断するための指標は、個人の所得と同じように

その国のすべての人の総所得で考えれば良いのです。また、経済指標はきちんと測られたデータである必要がありますが、GDPは国際的な基準である国民経済計算（新SNA）によって測られているため、一国の経済状況をあらわす共通の指標として利用されています。

GDPとはどのようなものでしょうか。GDPとは一定期間において、一国内で新たに生み出された付加価値の合計です。以下では、GDPの定義をもう少し詳しくみていきましょう。

### フローとストック

まず、問題となるのはどのくらいの期間のGDPを集計するべきであるかということです。GDPを考えるうえで必要な概念に**フロー**と**ストック**があります。フローとは、ある一定期間の増減量であり、ストックとはある一時点での量です。

例えば、プールに貯めた水の量を測るときに、1時間でどのくらい水が入ったか（流れ込んだ水の量）を測るのがフローであり、1時間後にどのくらい水が入っているかがストックです（図4-1参照）。フローは流量なので、ある一定期間を区切らないとどのくらい増減したかわかりません。また、ストックもある一時点を決めないと測ることはできません。

GDPは生産活動によって新たに生み出された付加価値がどのくらいあるかを測る指標なので、フロー概念です。そのため、どのくらいの期間であるかを決める必要があります。一方、一国に存在する富の量を測る国富は、ある時点での国の富の合計額であり、ストック概念です。

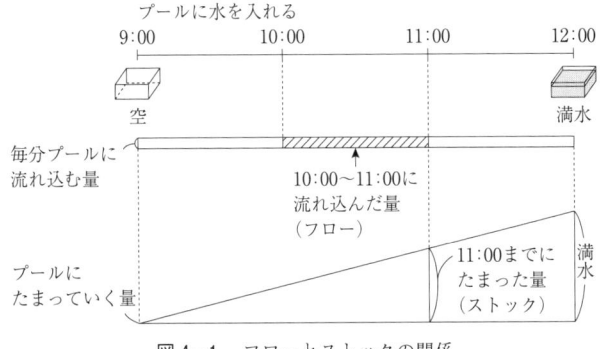

図 4-1　フローとストックの関係

## 国内概念と国民概念

次に問題となるのは GDP を集計する範囲です。ある国の経済を測る場合、その国の国民を基準にしたものが**国民総生産**（Gross National Product：GNP）です。現在ほど国際化が進展していなかった時代であれば、ある国で生産活動をする人とその国に国籍をもつ人の数はほぼ等しくなっていたかもしれません。

しかし、現在のように国際化が進むと、ある国で生産活動をしているのはその国に国籍をもつ者だけではなく、またその国の国籍をもつ者も他国で生産活動を行っている可能性があります。ある国の経済状態をあらわすには、その国民がどのくらい付加価値を生み出したかよりもその国のなかでどのくらいの付加価値が生み出されたかを測る方

（理解を深めよう）

◆日本の GDP
　内閣府（http://www.esri.cao.go.jp/jp/sna/menu.html）に時系列データがあります。GDP 以外の経済データも開示してあるので、一度閲覧することをおすすめします。

が適していると考えられます。そのため、集計範囲を地理的な基準にした国内概念が使われます。

## 付加価値

　最後に集計すべき対象が何であるかを決めなくてはなりません。GDPを測るときに集計されるべき対象が**付加価値**です。付加価値とは生産を通じて新たに作り出された価値のことです。この付加価値が何であるかを理解するためにみなさんが普段食べているパンを例にして考えてみましょう（図4-2を参照）。

　みなさんがパンを食べる（消費する）ためには、パンが作られなくてはなりません。パンを作るための材料である小麦からスタートして考えてみましょう。まず、農家がパンの材料となる小麦を生産します。

　簡単化のため、農家が小麦を作るためには労働力のみが必要ということにしましょう。農家は50の価値の小麦を作りました。この小麦を製粉会社に売ります。製粉会社はこの小麦を使って100の価値の小麦粉を作ります。製粉会社は小麦粉をパン屋に売ります。パン屋はその小麦粉を使ってパンを作ります。ここでも簡単化のため、パンを焼くために小麦粉と労働だけが必要としましょう。パン屋が150の価値のパンを作り、皆さんがそのパンを買ったとします。

　農家が新たに生み出した価値は小麦の価値50です。製粉会社は小麦粉100の価値を生み出していますが、その材料として小麦50を使っているので新たに生み出した価値は50です。最後にパン屋はパン150の価値を生み出していますが、材料として小麦粉100を使っているので、新たに生み出した価値は50です。このように新たに生み出されたものが付加価値です。

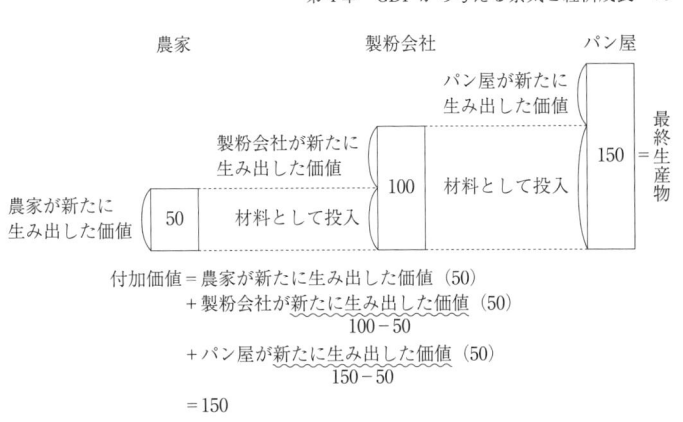

第4章 GDPから考える景気と経済成長　75

図4-2　付加価値とGDP

```
                    農家            製粉会社              パン屋
                                                  パン屋が新たに
                                                  生み出した価値        最
                                  製粉会社が新たに                      終
                                  生み出した価値      100  材料として投入   150  生
                                                                          産
 農家が新たに         50   材料として投入                                  物
 生み出した価値
```

付加価値＝農家が新たに生み出した価値（50）
　　　　＋製粉会社が新たに生み出した価値（50）
　　　　　　　　　　　　　　　　　　100－50
　　　　＋パン屋が新たに生み出した価値（50）
　　　　　　　　　　　　　　　　150－50
　　　　＝150

　生産を行うときに材料として投入されるものを**中間生産物**、最終的に消費される財を**最終生産物**と呼びます。例では、パン屋がパンを作る際に材料として用いられた小麦粉が中間生産物であり、パンが最終生産物です。

　新たに生産した物の生産額から中間生産物の額を引いたものを**粗付加価値**といいます。工場や機械設備などの固定資本は、経年変化による劣化・摩耗などにより、その価値が減少していくと考えられます。この減少部分を**固定資本減耗**と呼びます。固定資本の減耗分を生み出

（理解を深めよう）

　ストックは日本語表現では残高という言葉が対応します。身近なところでは預金残高という言葉がありますがある時点における預金の総額なので、これもストック概念です。金融機関や政府以外の経済主体が保有するお金（通貨量）の残高を昔はマネーサプライと呼んでいましたが、今は「マネーストック」と呼びます。詳しくは第6章を参照してください。

した価値から差し引いたものが、**純付加価値**です。

例で考えると農家の生み出した価値(50)＋製粉会社の生み出した価値(50)＋パン屋の生み出した価値(50)で合計150の粗付加価値が生み出されました。また、今回は機械などを使っていないという設定でしたから、固定資本減耗はゼロであり、結果、純付加価値も150です。

さて、GDPは新たに生み出された付加価値の合計ということがわかりましたが、その価値は何で測るのでしょうか。先程のパンの例で考えると小麦や小麦粉は重さの単位で測り、パンは個数や斤で測ることができるかもしれません。しかし、計測単位が異なっては、パン屋が生み出した価値から中間投入物である小麦粉を引くことをどのようにあらわしたらよいか困ってしまいます。そのような不都合を取り除くため、付加価値は貨幣で測られます。すなわち、それぞれの価格で生産物をあらわします。以上のことから、一国の経済規模を示す指標であるGDPは最終生産物を市場価格で合計し、そこから中間生産物の価格を差し引いたものです。

ある国の経済状況をあらわすときにGDPだけではなく、1人あたりGDPや経済成長率（後述）といった指標も利用されます。1人あたりGDPとはどのようなものなのでしょうか。1人あたりGDPとはその言葉の示すとおり、その国の人口でGDPを割ったものです。

世界銀行（World Bank）の統計データによると、2013年の名目GDP第1位はアメリカ合衆国（以下、アメリカ）、第2位は中華人民共和国（以下、中国）であり、日本は第3位です。一方、1人あたりGDPの第1位は名目GDP第73位のルクセンブルクです。名目GDPのトップ3は、1人あたりGDPでみるとアメリカは第10位、日本は第26位、中国は第90位と大きく順位を後退させています。このように国によっ

ては、1人あたりのGDPは大きいものの人口が少ないために総額の比較では上位ではない国もあります。そのため、その国の経済をあらわすにはGDP総額だけではなく、1人あたりGDPを利用することもあります。

**名目GDPと実質GDP**

　新聞やニュースで「実質GDPが……」という言葉をみたり聞いたりしたことはないでしょうか。GDPがどのようなものであるかはすでに説明しましたが、そのGDPの前についている「実質」とは一体どのようなものなのか、具体的な例で考えてみましょう。

　ある年と翌年でパン屋がパンを100個焼いたとします。簡単化のためにこの100個のパンのための中間生産物は存在しないと仮定します。経済活動としてパン屋が行った生産は同じ水準（100個）です。この生産を貨幣で測るとGDPが出るので、ある年のパンの価格が100円とすると、このパン屋がある年に行った生産活動により生み出した価値は10000円となります。しかし、翌年、パンが120円に値上がりすると翌年は12000円の付加価値を生み出したことになります。パン屋の経

（おさえておきたい基礎知識）

◆世界銀行
　各国の中央政府または政府から債務保証を受けた機関に対して融資を行っている機関です。世界銀行のデータは、http://data.worldbank.org/ からアクセスできます。

◆中国のデータを取り扱う際の注意
　中国のデータでは、しばしば香港やマカオが除かれることがあるので、データを比較するときは注意しましょう。本章で利用した中国のGDPデータでも、香港とマカオは除かれています。

**表 4-1　名目 GDP と実質 GDP の関係**

|  | パンの価格 | 生産水準 | 名目 GDP | 実質 GDP |
|---|---|---|---|---|
| ある年 | 100円 | 100個 | 10,000円<br>＝＠100円×100個 | 10,000円<br>＝＠100円×100個 |
| 翌年 | 120円 | 100個 | 12,000円<br>＝＠120円×100個 | 10,000円<br>＝＠100円×100個 |

済活動（生産活動）の水準はこの2年間で同じだったはずですが、ある一方の年では10000円であり、ほかの年では12000円と異なってしまうのではGDPは正しく経済活動をあらわしているとは言いづらくなります。そこで、基準年を作って、その基準価格でほかの年の経済活動の成果を評価します。表4-1では、ある年を基準年としてその価格100円を利用して、実質GDPを計算しています。

　貨幣で付加価値の合計を測ったものを**名目GDP**、購買力で測ったものを**実質GDP**と呼びます。貨幣や購買力でGDPを測るとはどういう意味でしょうか。例を挙げて考えてみましょう。

　今、1000円をもっており、この1000円の価値を考えるときに貨幣で測れば1000円は当然1000円です。

　それでは、この1000円を購買力で測るとどのようになるでしょう。**購買力**とは、財・サービスを購入することのできる能力のことです。もし、リンゴが1個100円であれば、1000円はりんご10個購入する能力があるということを意味します。また、リンゴが1個200円であれば、1000円はりんご5個を購入する能力があることになります。貨幣で測ると同じ1000円でも財・サービスの価格によっては購買力が異なります。したがって、GDPを測るときもその金額がもつ意味を考慮しなくてはなりません。そのために名目GDPは貨幣で測り、実質

GDP は購買力で測る、すなわち基準年の価格を利用することで価格変動の影響を除去していたのです。最初の例の場合、ある年と翌年を比べると名目的には GDP は増加しているので経済は成長しているようにみえますが、実質的には変化がないことがわかります。

## GDP に含まれるものと含まれないもの

　世の中には様々な経済活動があり、そのなかには GDP を計算するときに含まれるものと含まれないものがあります。ここでは、いくつか例をあげて GDP の計算に含まれるものと含まれないものにどのようなものがあるのかをみていきましょう。

　みなさんが大学進学のために一人暮らしをはじめたとします。その場合に部屋を借りると家賃が発生します。この家賃は、大家さんがアパートという固定資本を利用して借主が家に住むことができるというサービスを提供した対価と判断され、GDP に算入されます。

　一方、持家に住んでいる場合はどうなるでしょうか。持家に住んでいる場合は、家賃が発生しません。しかし、どちらの場合も住人は同じように住む場所を提供されるというサービスを受けているにもかかわらず、借りた場合は GDP に算入され、持家の場合は算入されないのではおかしなことになります。そこで、持家の場合でも、家賃を大家さんに支払い、住宅に住むことができるサービスを受けたと考えます。ただし、持家の場合、大家さんと借主が同じ人間、すなわち住宅の持ち主なので金銭の移動は発生していないだけと考えるのです。

　このように持家に住むというサービスに対する家賃は**帰属家賃**と呼ばれ、GDP に算入します。ほかにも農家の自家消費も同様に農家が売った物を購入して消費したと考えるために、GDP に算入します。

一方、金融取引による売却損益は GDP に含まれません。GDP に含まれない理由を株取引の例で考えてみましょう。ある人が10万円で買った株を20万円で売ったとします。この人は20万円−10万円＝10万円の売却益を手に入れますが、この10万円は何かを生産して生み出された価値でしょうか。これは、10万円の物を20万円で売って10万円儲けた人と10万円の物を20万円で買って10万円余計に払ってしまった人がいるだけで、新たに10万円分の価値を生み出しているわけではありませんので、GDP には算入されません。GDP に含まれるか否かのポイントは「生産活動により新たに付加価値を生み出しているか」という点なのです。

**経済成長率**

新聞やニュースで経済成長率という言葉をみたり聞いたりしたことはあると思いますが、経済成長率とはどのような指標なのでしょう。ある国の経済状況を測るために GDP を利用するということはすでに説明しましたが、経済成長率との関係はどのようになっているのかを考えてみましょう。

GDP は、ある国の経済状態を一定期間区切って測ったものです。経済成長率は、その GDP が前期と比べてどのくらい変化したのかをあらわす、すなわち変化率の指標です。

$$経済成長率 = \frac{当期の GDP - 前期の GDP}{前期の GDP} \times 100 (\%)$$

経済成長率も GDP に名目値を利用するか実質値を利用するかにより、名目経済成長率と実質経済成長率の2種類にわかれます。そのため、

デフレーション下では名目経済成長率がマイナスで実質経済成長率がプラスということも起こってきます。

## 三面等価の原則

経済学ではある国の経済規模をあらわす指標として国民所得という概念を利用しますが、この国民所得は今まで学習してきたGDPとはどのような関係になっているのでしょうか。

**国民所得**（NI：National Income）とは、ある一定期間にある一国において個人と企業が新しく生み出した所得の合計です。国民純生産から生産物の価格に含まれている間接税を差し引き、政府の補助金を加えて計算します。ほかにもすでに取り扱った**国民総生産**（GNP）、**国民純生産**（NNP：Net National Product）など様々な経済指標があります。これらの関係をまとめたものが図4-3です。

これらの概念はまったく無関係というわけではありません。そのことを理解するために新たに生み出された価値はどうなるかを考えてみ

（重要キーワード）

◆デフレーション
　物価下落が継続しているような状態を指します。略して、デフレとも呼ばれます。
◆インフレーション
　物価上昇が継続しているような状態を指します。略して、インフとも呼ばれます。

（考えてみよう）

　デフレ経済のもとで経済成長率は実質で考えるのがよいのか、名目で考えるのがよいのかを検討してみましょう。

| 総生産額 | 最終生産物 | 中間生産物 |

| 国内総生産（GDP） |
| 国民総生産（GNP） |
| 海外からの純所得　　資本減耗分 |
| 国民純生産（NNP） |
| 間接税 − 補助金 |
| 国民所得 ｛生産面／分配面／支出面｝ |

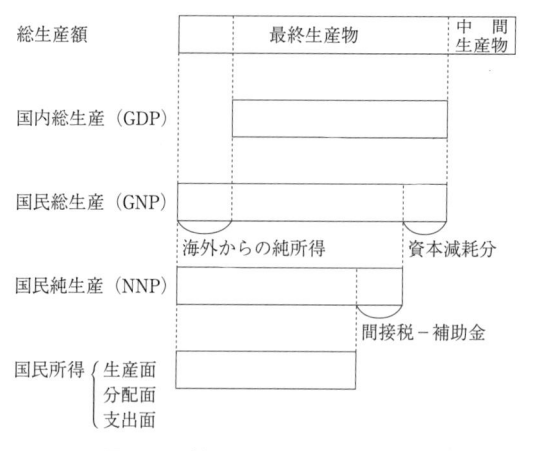

図4-3　様々な経済指標とその見方

ましょう。ここでは、簡単化のため海外との取引がなく、国内と国民の概念が一致しているとして話を進めます。

　生産により新たに生み出された付加価値は、生み出すために労働した労働者の賃金や投下した資本財の所有者に利子や地代といったかたちで分配されます。作り出したもの以上は分配できませんから、生産によって生み出された国民所得と分配された国民所得（**分配国民所得**）は一致します。さらに分配された所得は、それぞれの主体が必要な財を購入するために支出されます。得られる所得以上の支出はできませんから、分配国民所得と**支出国民所得**も一致します。

　このように生産国民所得と分配国民所得と支出国民所得は、同じものを生産面・分配面・所得面から測ったものであり、これらの金額は理論上必ず一致します。このことを**三面等価の原則**といいます。

# 第5章　国民生活を支える財政

　　借財するのもよい。私は借財を決して悪いとは言はぬ。
　　ただ借金はそれを返済する目標があってこそ許されるのだ
　　（高橋是清〔出典：『随想録』中央公論新社、2010年、304頁〕）。

　現代にも通じる名言です。財政危機と言われて久しいわが国は、この言葉の意味を再度考えてもよいでしょう。

## 財政とは何か

　財政とは一体何でしょうか？　我が国の財政を担う財務省は毎年『図説　日本の財政』（東洋経済新報社）を発行しています。その平成23年度版において財政とは「政府の経済活動の収支」を表し、「租税や公債などの収入手段を組み合わせて民間部門から資金を調達し、これを元手にして国民生活の基盤となる諸条件を整えるための活動」と定義しています。財政の歴史を考えた場合、『図説　日本の財政』に基づく財務省の定義は、現在の財政状況を是認する定義といえます。本章は平成23年度版の『図説　日本の財政』に基づき、我が国の財政の現状について説明します。

　1929年の世界大恐慌以前の財政の役割は国防・警察・司法という民間部門が提供できないサービスを供給することを前提とし、市場への

介入あるいは民間の経済活動への介入は否定的でした。我が国では大恐慌当時の大蔵大臣であった高橋是清は、大恐慌以前の均衡財政主義の考え方から積極財政へと転換しました。この転換により、世界中を襲った大恐慌の嵐から我が国はいち早く脱出することができました。このため高橋是清はケインズ主義的な財政政策のパイオニアともいうべき存在です。

積極的な財政政策は財務省の定義にあるように「国民生活の基盤となる諸条件を整える」と捉えると、様々な分野への政府の介入に加え、財政の肥大化をもたらします。このような財政規模の拡大に加え、北欧型の福祉国家を志向するタイプの政府のあり方を**大きな政府**と呼びます。一方、国防、警察、司法などの最小限のサービスの提供に限定した政府のあり方を**小さな政府**と呼びます。

## 財政の役割

財政の役割として**資源配分の調整機能**、**所得の再分配機能**、そして**経済の安定化機能**の三機能が挙げられます。第一の資源配分の調整機能とは第3章で取り上げた市場の失敗が関連します。市場メカニズムによって総余剰の最大化が実現されない状態を市場の失敗と呼びましたが、このような市場の失敗が発生しているもとでは、政府は総余剰の最大化を実現するために市場へ介入しなければなりません。同章で説明したようにこの市場への介入が資源配分の調整機能にあたります。政府は市場へ介入することで総余剰の最大化を実現しようとしており、資源配分の効率性を実現しようとするものです。

第二の所得の再分配機能とは、効率的な資源配分が達成されたとしても、所得分配について公平ではないもとで、公平な所得分配を実現

するための政策介入です。具体的には所得格差を是正するために、所得の高い人に対して高い税負担を求めるような政府の課税政策は、所得格差を公平ではないと考えることから発生した所得再分配政策の一つです。国民健康保険も所得に応じてその保険料が異なります。これも所得の再分配機能の例です。さらに様々な福祉政策も所得の再分配機能としての政策と考えることができます。

第4章で国内総生産などを学びましたが、政府の政策目標として**完全雇用国内所得**の実現があり、このような完全雇用国内所得からの変動を最小限にすることを**経済安定化機能**と呼びます。完全雇用国内所得を上回る状態では、働きたい労働者よりもより多くの労働者を企業が雇用しようとするために、賃金の上昇が発生します。このような賃金の上昇は物価水準の上昇へと繋がり、さらにはインフレーションという問題を発生させます。このような状態では政府は財政支出を抑制したり、増税を行うことで景気の過熱を抑制し、完全雇用国内所得に戻るように働きかけます。

逆に完全雇用国内所得を下回る状態では、働きたい労働者に対して企業はそれを下回る労働者しか雇わないために**失業**という問題が発生します。このような経済状況では政府は積極的な財政政策を実施したり、減税を行って完全雇用国内所得を実現しようとします。このように政府は経済を安定化させるために経済政策を実施しますが、これを

(重要キーワード)

◆**完全雇用国内所得**
　市場で決定された賃金のもとで労働を供給する人々がすべて雇用される状態を完全雇用と呼び、完全雇用を実現するような国内所得を特に完全雇用国内所得と呼びます。

財政の経済安定化機能と呼びます。

## 財政危機と財政赤字

　表5-1は『図説　日本の財政』の例に若干加筆をしたものです。我が国の平成23年度の財政状況を1ヶ月あたりの家計の収入と支出の関係に置き直して考えています。

　家計の収入および支出は実際のデータから1家計分に直したものです。我が国の財政状況は収入（税収ほか）に比べ、支出と借金である国債の元利合計の支払いで44.3兆円の借金となっています。つまり、家計で考えるならば、毎月40万円の収入に対し毎月37万円の借金をしなければならず、この結果、年度末には借金残高（ローン残高）は6661万円となり、この状態を放置すれば、いずれ破産状況に追い込まれます。しかし政府は税収で足りない部分を国債発行という借金で賄っており、年度末の国の借金残高（公債残高）は668兆円となります。

　家計の状況も国の状況も借金まみれであり、大変な状況にみえます。しかし、仮にこんな例を考えてみましょう。

　ある家計の借金の借入先を両親とします。子どもの世帯が苦しいので毎月37万円を援助しています。親の援助総額が6661万円となっています。その親は大変な資産家であり、いずれ子供に財産を残すことを考えています。親はいずれ相続させる財産を早めに渡していると考えていますので、特に子どもから借金を返してもらおうとは思っていません。ある家計にとっては親から子どもへの所得の移転にしか過ぎず、親を含めた家計全体では何も問題はありません。実は日本の財政赤字も似たような特徴があります。我が国の国債を保有しているのは日本人と我が国の金融機関が中心です。我が国の金融機関（銀行や証券、

表5-1 我が国の財政を家計にたとえた場合

1ヶ月の家計の収入と支出
(単位:万円)

| 世帯収入 | 40 |
|---|---|
| 家計の支出 | 59 |
| ローンの元利支払い | 18 |
| 借金 | 37 |
| 年度末の状況 | |
| ローン残高 | 6661 |

平成23年度財政状況
(単位:兆円)

| 税収他 | 48.1 |
|---|---|
| 財政支出 | 70.9 |
| 国債費 | 21.5 |
| 借金 | 44.3 |
| | |
| 公債残高 | 668 |

(出典) 平成23年度『図説 日本の財政』(東洋経済新報社、2011年、30頁) より筆者作成。

生命保険、損害保険など)は貯蓄手段の一環として国債を保有しています。例えば、郵便貯金の「(株)ゆうちょ銀行」と簡易保険の「(株)かんぽ生命保険」の親会社である「日本郵政」が発行している「日本郵政グループ ディスクロージャー誌」(平成25年3月期)の財務データによると日本郵政グループは総資産約290兆円のうち約244兆円を有価証券(国債、地方債、株式など)で保有しています。そのなかで国債は約190兆円であり、主な資金運用の手段として国債が重要であることがわかります。

「日本郵政」のケースでわかるように、私たちは知らないうちに我

────────────────────
理解を深めよう
────────────────────

◆ (株) ゆうちょ銀行

ゆうちょ銀行は平成17年に成立した郵政民営化法により平成19年に設立されました。日本郵政公社から郵便貯金部門を引き継いで設立されました。現在の貯金残高は約175兆円(出典:「日本郵政グループ ディスクロージャー誌」〔平成25年3月期〕より)で三菱東京UFJ銀行の預金残高120兆円(平成23年度決算公告より)を上回る我が国最大の預金金融機関です。

が国の国債を保有しています。つまり、日本人同士でお金の貸し借りしているだけであり、国債を保有している人が同時に納税者であるとするならば、国債が償還されたとき国債の元本と利息を増税という形式を通じて自分で支払っているわけです。別の言い方をするならば、公債残高という借金残高が668兆円まで増えたということは日本の国債という資産が668兆円まで増えたことになり、日本が豊かになった証拠となります。財政赤字の問題を論じるときに日本のマスコミ（新聞やテレビ）はまだ借金罪悪論を展開しているのが現状であり、このような議論は無意味なものであることを認識しなければなりません。

　財務省も実は昔は借金罪悪論を展開していた時代があります。大蔵省と呼ばれた時代に当時の大蔵大臣だった故渡辺美智雄氏が国民一人あたりの借金の額を述べ、国民に財政危機を訴えていました。さすがに現在の財務省はこのような議論はしていません。

　図5-1は財政赤字についての財務省の公式見解と考えられると同時にきわめて妥当な視点です。同図を解説します。現在、我が国の財政赤字は毎年拡大していますが、その累積（ストック）を「財政赤字の累積」と呼びますが、第一の問題点は「財政支出の硬直化」です。財政赤字の増大は国債発行に伴う国債への利払いや国債償還のための支出を増大させ、予算として使える金額を減少させます。それは様々な諸目的のために支出される機能的な財政支出の障害になる可能性があります。これが財政の硬直化の問題点です。　図5-2に示されているように、平成23年度の一般会計予算の歳出総額は約924兆円になります。そのなかで国債費（利払い費等＋債務償還費）は約215兆円となり、歳出の約23％を占めています。現状はかなり財政が硬直化しています。

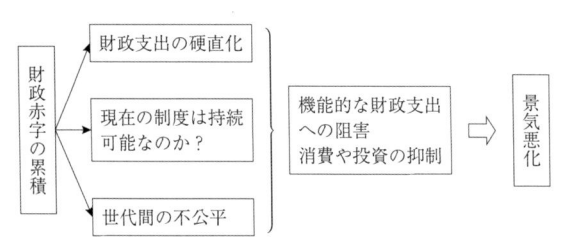

第 5 章 国民生活を支える財政 89

図 5-1 財政赤字の問題点

財政赤字の累積 → 財政支出の硬直化／現在の制度は持続可能なのか？／世代間の不公平 → 機能的な財政支出への阻害 消費や投資の抑制 ⇒ 景気悪化

(出典) 平成23年度『図説 日本の財政』(東洋経済新報社、2011年、15頁)より筆者作成。

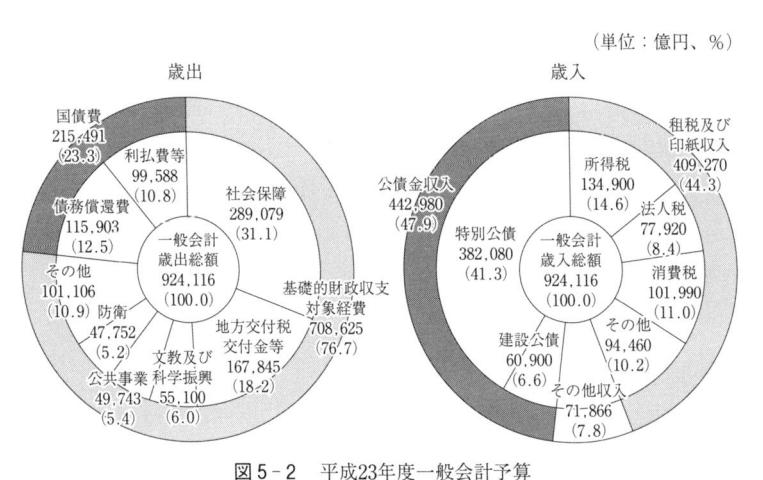

（単位：億円、％）

歳出

一般会計歳出総額 924,116 (100.0)

- 国債費 215,491 (23.3)
  - 利払費等 99,588 (10.8)
  - 債務償還費 115,903 (12.5)
- その他 101,106 (10.9)
- 基礎的財政収支対象経費 708,625 (76.7)
  - 社会保障 289,079 (31.1)
  - 地方交付税交付金等 167,845 (18.2)
  - 文教及び科学振興 55,100 (6.0)
  - 公共事業 49,743 (5.4)
  - 防衛 47,752 (5.2)

歳入

一般会計歳入総額 924,116 (100.0)

- 租税及び印紙収入 409,270 (44.3)
  - 所得税 134,900 (14.6)
  - 法人税 77,920 (8.4)
  - 消費税 101,990 (11.0)
  - その他 94,460 (10.2)
- 公債金収入 442,980 (47.9)
  - 特別公債 382,080 (41.3)
  - 建設公債 60,900 (6.6)
- その他収入 71,866 (7.8)

図 5-2 平成23年度一般会計予算

(出典) 平成23年度『図説 日本の財政』(東洋経済新報社、2011年、87頁)。

第二の問題として「現在の制度は持続可能なのか？」について説明します。これは国は借金を返せないのではないかという疑問です。国が借金を返せないということは**債務不履行**（ディフォルト）という状態になります。債務不履行が予想されると国債への**信認**が低下します。さらにこのような債務不履行が予想されるような状況では消費者や企業は将来に不安を抱き、消費や投資が抑制される可能性があります。

2011年のギリシャ問題から端を発した財政赤字問題は、赤字が深刻なEU諸国の一部の国において金利を上昇させました。このような金利上昇は債務不履行が予想される状況において発生しますので、我が国も将来金利上昇が予想されます。金利上昇が与える影響として、図5-1が示すように企業の設備投資等が抑制されます。あるいは住宅ローンの金利も上昇しますので、住宅を購入しようと考えている人は購入を断念する人もでてくるでしょう。すでに住宅ローンを支払っている人も変動金利の場合、金利負担が上昇します。将来への不安からの消費の抑制、さらに金利上昇による投資の減少、そして財政の硬直化による機能的な財政支出の抑制は景気低迷を引き起こします。結果として、我が国の経済成長にとって大きな阻害要因となることが予想され、それがさらなる財政赤字の累積へと繋がります。

### 世代間の不公平と負担転嫁

財政赤字の問題として図5-1に書かれている「世代間の不公平」について検討します。

すでに説明したように財政赤字への素朴な借金罪悪論はまったく意味がないのですが、経済学において重要な問題は**負担転嫁**の問題です。詳しく説明しましょう。**経常的支出**（経費）のための国債発行（赤字

国債と呼ばれる特例国債）による財政支出の拡大の恩恵は主に現世代が受けることになります。しかし、その国債が償還されるときには元本と利息部分を増税というかたちで財源を調達しなければなりません。その増税の対象は現世代ではなく、私たちの子どもの世代、つまり将来世代とすると、恩恵は我々が受け、負担は子どもたちの世代という世代間の負担の不公平が生じます。「世代間の不公平」という問題は、我々現世代が借金ばかりをして、その借金の支払いを国債というかたちで先送りにして、負担は将来世代が負うという問題です。これは公債の負担転嫁の問題と呼ばれます。財政赤字の問題を考えるうえでの経済学の重要な問題です。

公債の負担転嫁があるのか否かは70年代以降大論争となりました。その契機となったのがロバート・バロー（ハーバード大学教授）の**公債発行の中立命題**です。詳しい議論はマクロ経済学や財政学の授業で学んでいただくとして、ここでは直感的な話をします。

現世代はすでに説明したように国債発行による財政支出の恩恵を受けた世代です。その子どもの世代である将来世代は国債の償還により

---

**重要キーワード**

◆**経常的支出（経費）**
　公務員の人件費、公債費などがその例です。
◆**赤字国債と建設国債**
　経常的支出のために発行される国債を赤字国債と呼びます。また、道路や橋などの社会資本を建設するために、その財源の一部を賄うために発行する国債を建設国債と呼びます。我が国では財政法第4条において「公共事業費、出資金及び貸付金の財源については、国会の議決を経た金額の範囲内で、公債を発行し又は借入金をなすことができる」と規定しています。この規定によって建設国債を発行できます。

増税が行われる世代です。両者は親子だと考えてください。恩恵を受けた親世代は将来子どもたちが増税されることをあらかじめ読み込んで本来残す遺産に加え、増税部分を加えて財産を残します。つまり、親世代は財政支出分の消費を減らし、貯蓄を増やし、遺産として子どもに渡します。この結果、財政支出により現世代は恩恵を受けているかというと、子どもに財産を残すために貯蓄を殖やし、消費を減らしているので財政支出増分の恩恵は相殺されます。子どもの世代は増税により消費を減らすかというと、親がその部分を遺産として残しているので消費は減りません。

このように公債発行による影響は現世代も将来世代もまったくないので、これを中立命題と呼び、バローは公債の負担転嫁はないと主張しました。バローの議論は実証分析などではあまり支持されていませんが、公債の負担転嫁論争はその後、財政学の大きなテーマとなりました。


**我が国の予算制度**

我が国の財政の基本的な制度は、日本国憲法第7章において定められています。第83条では「国の財政を処理する権限は、国会の議決に基いて、これを行使しなければならない」と定め、さらに第85条では「国費を支出し、又は国が債務を負担するには、国会の議決に基くことを必要とする」と規定しています。

そして第86条では「内閣は、毎会計年度の予算を作成し、国会に提出して、その審議を受け議決を経なければならない」としています。これらは我が国の予算制度の「**国会中心主義**」および「**事前議決の原則**」を定めたものです。以上より政府は毎年度予算を編成し、国会に

提出し、審議を経て、議決を得た後にその編成した予算に基づいて国の支出を実行します。

　予算制度としては会計年度が定められています。これは「収入、支出を区分してその対応関係を明らかにするために設けられた期間」(『図説　日本の財政』55頁より) であり、通常1年です。我が国は財政法により、この1年間を4月1日より翌年の3月31日までと定めています。

　予算は年度毎の収入と支出よりまかなわれることが原則となっています。収入のことを特に予算では**歳入**と呼び、支出を**歳出**と呼びます。このような考え方の背景には、政府が次年度において景気が良くなることを予想して、つまり歳入が増えることを見込んで歳出を増やすようなことを禁止しているからです。これを**会計年度独立の原則**と呼びます。

　予算の種類としては**一般会計予算、特別会計予算、政府関係機関予算**に分かれます。

　通常私たちが耳にする予算とは一般会計予算を指します。一般会計予算では、我々が支払う税金などを財源として社会保障、公共事業、防衛などの歳出が賄われています。予算の原則からは単一会計で処理することが望ましいのですが「国が特定の事業を行う場合」、「特定の資金」を保有してそれを運用する場合や「特定の歳入」から「特定の歳出」にあて、「一般の歳入歳出と区分」する必要がある場合には「特別会計を設置する」ことが定められています (財政法第13条)。これに基づくものが特別会計予算です。略称では「特会」がよく用いられています。

　特別会計の見直しは「行政改革の重要方針」(平成17年12月閣議決定)、

「行政改革推進法」(平成18年6月施行)により基本的な方向性が定められました。具体的には特別会計の統廃合が行われ、平成18年6月時点において31あった特別会計が17に削減されています。現在残っているものの主な例としては

・地震再保険特別会計(財務省管轄、以下管轄は省略)
・国債整理金特別会計(財務省)
・外国為替資金特別会計(財務省)
・財政投融資特別会計(財務省、国土交通省)
・年金特別会計(厚生労働省)
・社会資本整備事業特別会計(国土交通省)

です。統合の内容については平成18年の時点で「道路事業」、「治水」、「港湾整備」、「空港整備」、「都市開発資金融通」の各特別会計が平成20年に「社会資本整備事業特別会計」に統合されました。身近なところでは「厚生年金」、「国民年金」の各特別会計は平成19年に「年金特別会計」に統合されています。財政投融資については後で触れますが、これも「産業資金」、「財政融資資金」の各特別会計が平成20年に「財政投融資特別会計」に統合されています(『図説 日本の財政』264頁より)。

特別会計の歳出規模は平成23年度では約385兆円ですが、特別会計相互間で重複計上されているので、それを除くと約182兆円です(図5-3参照)。

政府関係機関予算とは法律によって設立された法人(機関)関連の予算であり、国会の議決を必要とします。関連機関は3機関あり、代

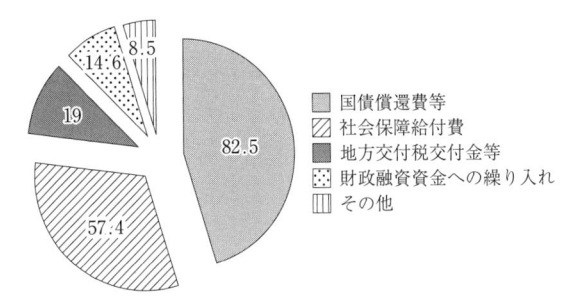

第5章 国民生活を支える財政　95

図5-3　特別会計の歳出純計額182兆円の内訳（兆円）
（出典）　平成23年度『図説　日本の財政』（東洋経済新報社、2011年、266頁）より筆者作成。

表例としては「日本政策金融公庫」です（『図説　日本の財政』59頁より）。

**財政投融資**

　財政投融資はかつて**第二の予算**と呼ばれた時代もありましたが、平成13年を境に大幅に変わりました。

　現在、財務省による実質上の定義は税負担によらず、国債の一種である「財投債の発行など国の信用等に基づき調達した資金を財源として、政策的な必要性がありながら、民間金融では困難な長期資金の供給や、大規模・超長期プロジェクトなどの実施を可能とするための投融資活動」（『図説　日本の財政』273頁より）です。財政投融資の対象はすでに説明した特別会計、日本政策金融公庫などの政策金融機関、独立行政法人、地方公共団体等（財投機関）に対して資金の供給がなされています（図5-4参照）。

　財政投融資の資金供給の方法は財政融資をはじめとして三つの方法があります。「財政融資とは財投債（国債）の発行を通じて金融市場から調達した資金など」（『図説　日本の財政』274頁より）を財投機関な

```
金融市場 →[財投債]→ 財政投融資
                    財政融資
                    その他
                         →[融資]→ 政策金融機関
                                   その他の機関
                                   地方公共団体
                                        →[融資等]→ 国民
                                                   企業
                                                   地域など
```

平成23年度融資額
14.9兆円

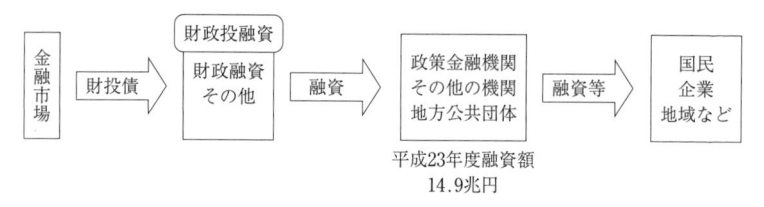

**図5-4 財政投融資の現在の仕組み**
(出典) 平成23年度『図説 日本の財政』(東洋経済新報社、2011年、274頁) より筆者作成。

どを通して、「政策的に必要な分野」(『図説 日本の財政』274頁より) に資金を供給するものです。財投機関が独自に資金を調達してよいのではないかと考えますが、国という信用力が極めて高い主体が調達しますので、最も有利な条件で調達可能となります。それを財政状況が悪い自治体や、あまり収益性が見込めない独立行政法人などが又貸しで利用しているということになります。国が実質的に借金の保証人となっており、財投機関にとって仮に返済ができなくても国が代わりに支払ってくれるというモラルハザードのような問題を引き起こしがちとなります。これが財投の問題点の一つです。

### 国と地方自治体の関係

表5-2は国と地方の行政の役割分担を示したものです。教育に関してみてみると大学は文部科学省が管轄していますが、高校までは公立校、私立校に関係なく地方自治体が管轄しています。実は身近なサービスの多くは地方自治体が担っています。これは図5-5をみていただくとわかりますが国と地方の歳出額の比をみると、43対57であり、一見すると地方分権が進んでいるようにみえますが、国が様々な政策を決定して、地方はあくまでそれを実行する機関に留まっています。

表 5-2　国と地方との行政の分担

| 分野 | | 公共資本 | 教育 | 福祉 | その他 |
|---|---|---|---|---|---|
| 国 | | ○高速自動車道<br>○国道<br>○一級河川 | ○大学<br>○私学助成（大学） | ○社会保険<br>○医師等免許<br>○医薬品許可免許 | ○防衛<br>○外交<br>○通貨 |
| 地方 | 都道府県 | ○国道（国管理以外）<br>○都道府県道<br>○一級河川（国管理以外）<br>○二級河川<br>○港湾<br>○公営住宅<br>○市街化区域、調整区域決定 | ○高等学校・特別支援学校<br>○小・中学校教員の給与・人事<br>○私学助成（幼～高）<br>○公立大学（特定の県） | ○生活保護（町村の区域）<br>○児童福祉<br>○保健所 | ○警察<br>○職業訓練 |
| | 市町村 | ○都市計画等（用途地域、都市施設）<br>○市町村道<br>○準用河川<br>○港湾<br>○公営住宅<br>○下水道 | ○小・中学校<br>○幼稚園 | ○生活保護（市の区域）<br>○児童福祉<br>○国民健康保険<br>○介護保険<br>○上水道<br>○ごみ・し尿処理<br>○保健所（特定の市） | ○戸籍<br>○住民基本台帳<br>○消防 |

（出典）　総務省ホームページ「地方財政関係資料：地方財政の果たす役割」（http://www.soumu.go.jp/main_content/）。

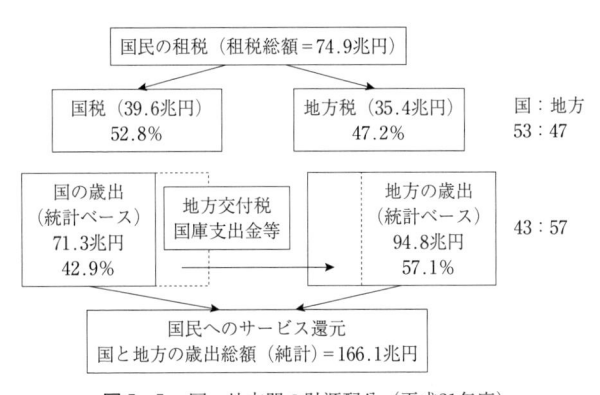

```
            国民の租税（租税総額＝74.9兆円）
            ／                        ＼
  国税（39.6兆円）              地方税（35.4兆円）         国：地方
      52.8%                         47.2%              53：47

  国の歳出        地方交付税       地方の歳出
（統計ベース）    国庫支出金等   （統計ベース）            43：57
  71.3兆円                        94.8兆円
   42.9%                           57.1%
            ＼                        ／
            国民へのサービス還元
       国と地方の歳出総額（純計）＝166.1兆円
```

図 5-5　国・地方間の財源配分（平成21年度）

（出典）　総務省ホームページ「地方財政関係資料：国と地方の税財源配分の見直」（http://www.soumu.go.jp/main_content/）。

98　第Ⅱ部　マクロ経済学

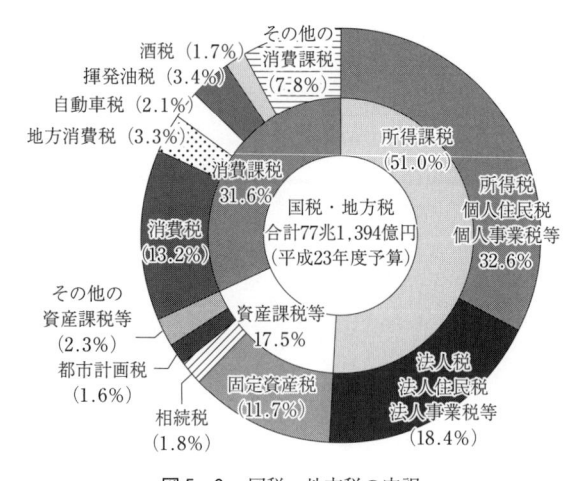

図5-6　国税・地方税の内訳
（出典）　財務省ホームページ「わが国税制・財政の現状全般」（http:www.mof.go.jp/tax_policy/sammary/condition/）。

国と地方自治体の税収比をみますと、53対47で逆転します。当然のことながら地方自治体は国に比べ歳出が多いのに対し、歳入という税収が不足していますので、国から「地方交付税」や「国庫支出金」などの財源を移転してもらうかたちで運営されています。地方はしばしば補助金漬けの状態であるといわれるのは支出に見合った収入がないところに起因します。

**税制**

租税は多種多様ですが、図5-6をみていただくとわかるように、大きく分けるならば、所得に対する税（所得課税）、消費に対する税（消費課税）、資産などに対する税（資産課税）に分けることができます。所得に対する税としては個人に課税される所得税や、企業の所得（利

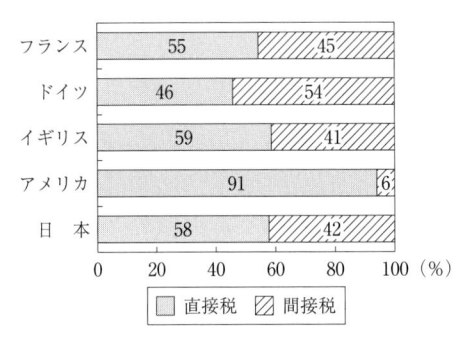

第5章 国民生活を支える財政　99

| 国 | 直接税 | 間接税 |
|---|---|---|
| フランス | 55 | 45 |
| ドイツ | 46 | 54 |
| イギリス | 59 | 41 |
| アメリカ | 91 | 6 |
| 日本 | 58 | 42 |

**図 5-7　国税における直間比率の国際比較（2008年度）**

（出典）　財務省ホームページ「わが国税制・財政の現状全般：直間比率の国際比較」（http://www.mof.go.jp/tax_policy/sammary/condition/）より筆者作成。

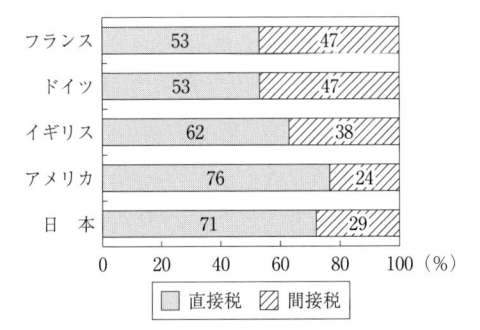

| 国 | 直接税 | 間接税 |
|---|---|---|
| フランス | 53 | 47 |
| ドイツ | 53 | 47 |
| イギリス | 62 | 38 |
| アメリカ | 76 | 24 |
| 日本 | 71 | 29 |

**図 5-8　国税と地方税をあわせた直間比率の国際比較（2008年）**

（出典）　財務省ホームページ「わが国税制・財政の現状全般：直間比率の国際比較」（http://www.mof.go.jp/tax_policy/sammary/condition/）より筆者作成。

潤）に対して課税される法人税が国税の代表例です。地方税では同種のものとして、個人住民税や法人事業税があります。消費に対する税として国税としては消費税、酒税、揮発油税（いわゆるガソリン税）、たばこ税などがあり、地方税としては自動車税があります。資産などに対する税では国税としては相続税が代表的な例であり、地方税としては固定資産税が代表例です。

　所得課税と資産課税は**直接税**と呼ばれ、消費課税は**間接税**と呼ばれます。直接税からの税収と間接税からの税収比を**直間比率**と呼びます。国税ベースでみた場合、図5‒7をみてもわかるように、日本は英仏と変わらない水準ですが、図5‒8が示すように地方税をあわせると、日本は米国と同じ水準の直接税の比重が高いことが示されていますが、依然として日本は主要なEU諸国に比べ、直接税に重きをおいた税体系であることがわかります。

# 第6章　貨幣と金融の機能

　　金はこやしのようなもので、散布しない場合は役に立たない（フランシス・ベーコン）。

　16世紀のイギリスの哲学者の言葉です。これは、本章で学習する金融政策（金融緩和策）の意義・効果を農業に例えてあらわしています。16世紀も21世紀も同じ考えで金融政策を行っていることが非常に興味深いです。

**貨幣の役割**

　私たちは、日常生活のなかで、必要とするモノ（多数の財・サービス）を入手するために交換を行っています。大昔は必要とするモノを直接交換する物々交換を行っていましたが、現代社会においては必要とするモノとの交換に貨幣を利用しています。貨幣を利用する理由は、貨幣がもつ機能にあります。貨幣には三つの機能があり、それらは**交換機能・価値保蔵機能・価値尺度機能**です。それぞれどのような機能なのか、みていきましょう。

　貨幣は、支払い手段（決済手段）として利用されます。貨幣のない世界では、物々交換が行われ、自分が欲しい財をもっている人でかつ自分のもっている財を欲しい人とのみ交換が可能となります。すなわち、自分の欲望と相手の欲望が一致していないと交換は不可能です。

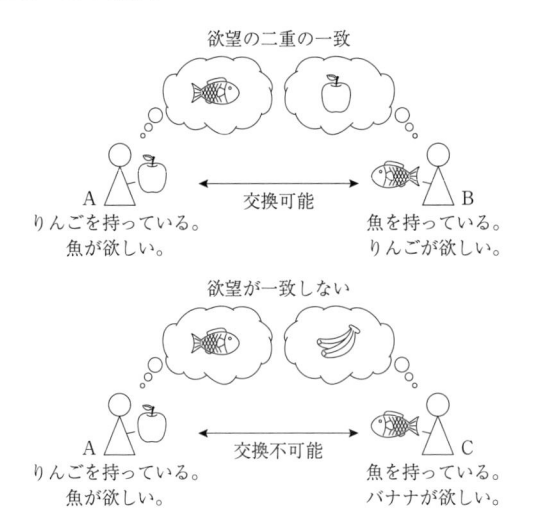

図6-1 困難な欲望の二重の一致

このことを**欲望の二重の一致**と呼びます。欲望を二重に一致させることは非常に手間がかかります。貨幣が存在すると自分の欲しい財を手に入れたいときは、自分がもつ財を売って貨幣を手に入れ、その貨幣で自分が欲する財をもっている人を探し、貨幣で財を購入すればよいのです。すなわち、貨幣経済では欲望の二重の一致を必要とせず、取引費用が大幅に軽減されます。このような機能を貨幣の**交換機能**と呼びます（図6-1を参照）。

また、貨幣が存在することで、現在の消費を将来に持ち越すことが可能です。現在の消費を将来に持ち越すとは、自分がもっている財を欲しがる人と交換を行う際に貨幣を受け取っておけば、別の日に自分の欲しい財と交換することが可能となります。物々交換では交換と消費が同時に発生しますが、貨幣経済では余っている財を貨幣に変換し

て保蔵し、自分が必要な時にその貨幣を利用して必要な財を交換によって得ることが可能となります。また、貨幣は価値の変動が少ないので、いつでもどこでもその価値を減ずることなく即座に交換に使うことができます。このような機能を貨幣の**価値保蔵機能**と呼びます。

ある財の価格はほかの財の相対価格としてあらわされます。物々交換の経済では、それぞれの財がほかの財で測るといくらなのかを細かく計算しなくてはなりません。貨幣があると貨幣と財の間だけで価格を決定すればよいので、財が $n$ 個存在する世界では価格は $n$ 個だけで済み、非常に簡潔になります。すなわち、貨幣はニューメレール(価値基準財)になることができ、これを貨幣の**価値尺度機能**(計算単位)と呼びます。

貨幣経済の方が物々交換経済よりも便利であることは貨幣の機能からわかりましたが、貨幣となりうるのはどのようなものでしょうか。貨幣は、家畜などの実体貨幣や金銀のような商品貨幣から発展し、現代では名目貨幣(紙幣)へと変遷しています。貨幣が貨幣として利用されるには、その経済に属する人々がその財を貨幣であると認めなければなりません。すなわち、**一般受容性**を持つものが貨幣として受け入れられているのです。

### 直接金融と間接金融

金融とは、金銭を融通することであり、金銭を融通するとは、余剰資金を保有している**黒字主体**から資金が不足している**赤字主体**に資金をまわすことを言います。マクロ経済学では黒字主体は一般的には家計とされ、赤字主体は政府や企業です。資金の融通方法は大きく分けて二つあり、**直接金融**と**間接金融**です。

```
       資　金
黒字主体 ⇄ 赤字主体
       本源的証券
```
図6-2　直接金融

```
       資　金            資　金
黒字主体 ⇄ 金融機関 ⇄ 赤字主体
       間接証券           本源的証券
```
図6-3　間接金融

直接金融は、図6-2が示すように、資金の受け手である赤字主体が発行する証券（**本源的証券**）を資金の出し手である黒字主体が受け取り、その代わりに資金をわたす方式です。本源的証券は、株式や債券など赤字主体が発行する証券です。

間接金融は、図6-3が示すように、資金の受け手である赤字主体が発行する証券（本源的証券）を金融機関が受け取り、資金の出し手である黒字主体は金融機関が発行する**間接証券**（預金通帳や預金証書）を受け取り、その代わりに資金を渡す方式です。

### 銀行の機能

間接金融を担う金融機関の代表は銀行ですが、銀行がもつ機能として**金融仲介機能・信用創造機能・決済機能**が存在します。

金融仲介機能とは、間接金融のところで説明したように、赤字主体と黒字主体の間に立って資金の仲介を行うことです。銀行という金融仲介機関が黒字主体と赤字主体の間に入ることで、融通資金規模と**満期**の不一致を埋めています。これは次のように考えることができます。資金の貸し手が少額の資金を短期間貸し出そうとしているときに、資

金の借り手が多額の資金を長期間借りたいと考えている状況を仮定します。この場合、金額と期間が合わず、貸し手は資金を借り手に融通することができません。そこで銀行は小規模かつ短期の資金を多数の貸し手より集め、大規模・長期の資金へと変換して資金の借り手に融通しています。

**信用創造機能**とは、銀行が受け入れた預金を超えて、自ら預金を生み出すことであり、例を使って説明します。ある黒字主体は自分が保有する資金を銀行に預金します。この預金を**本源的預金**と呼びます。一方、銀行は預金として受け入れた資金の全額を、銀行の金庫に入れて満期を待つわけではありません。銀行は、**法定準備金**として一部を残し、残りを貸付や証券投資にまわして利益を得ようとします。このとき、貸付が行われた資金が銀行口座に振り込まれるとまた銀行預金が増加します。この貸付により生み出された預金を**派生預金**と呼びます。この預金に対しても、法定準備金を除いた額がまた貸付などにまわされます。この貸付がさらに預金となる……という連鎖が生じます。銀行はこうして自ら預金を生み出すことができ、これを信用創造と呼びます。

本源的預金として100万円が銀行に預金され、法定準備率が10％であった場合について、図6-4を用いて考えてみましょう。

簡単化のため、投資先は貸付のみとします。黒字主体が銀行に100万円の預金をすると銀行は法定準備として100万円×10％＝10万円を残し、残りの90万円を貸付にまわします。この貸付を行う際に現金で手渡しするのではなく、銀行口座に振り込まれるとしましょう。そうすると銀行の預金が90万円増加します。銀行は法定準備9万円を残し、残りの81万円を貸付にまわします。これが連鎖していくため、最終的

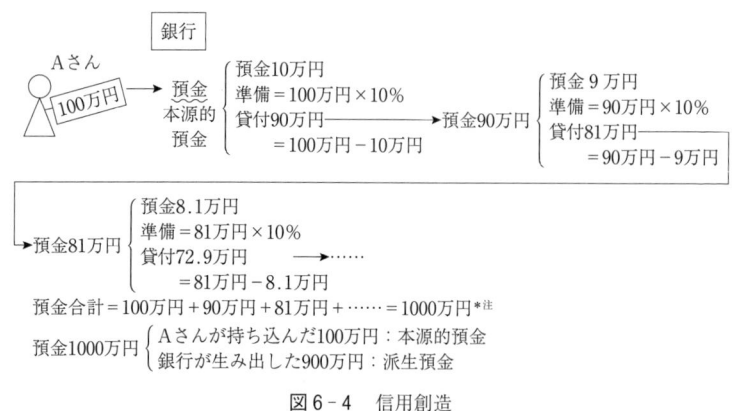

```
                銀行
 Aさん      ┌預金10万円
 ○       │準備=100万円×10%                        ┌預金9万円
 │100万円│→預金  │貸付90万円─────→預金90万円│準備=90万円×10%
         本源的 └   =100万円-10万円              │貸付81万円─────┐
         預金                                      └   =90万円-9万円  │
                                                                        │
┌────────────────────────────────────────────┘
↓
→預金81万円┌預金8.1万円
            │準備=81万円×10%
            │貸付72.9万円  ────  ……
            └  =81万円-8.1万円
 預金合計=100万円+90万円+81万円+……=1000万円*注
 預金1000万円{Aさんが持ち込んだ100万円：本源的預金
              銀行が生み出した900万円：派生預金
```

図6-4　信用創造

(注)　等比級数の和 $\sum_{n=1}^{\infty} a_n = \frac{a_1}{1-r}$（$a_1$は初項、$r$は公比 $a_n = a_1 r^{n-1}$）なので $\frac{100万円}{1-0.9} = 1000万円$。

に100万円の本源的預金に対して銀行が900万円の派生預金を生み出し、結果、預金合計は1000万円になります。

経済取引によって発生する債権・債務関係は支払い行為によって最終的な清算、つまり**決済**が行われる必要があります。決済の一番簡単な方法は、財の受け取りと同時に現金を渡すことです。しかし、取引先が遠隔地にあったり、金額が大きかったりする場合、多額の現金を遠隔地まで運ぶのは、手間や盗難の危険などを考慮すると効率的ではありません。そこで、各地にネットワークをもつ銀行を利用して決済するのです。これが**決済機能**です。

## 中央銀行

**中央銀行**は、その国のすべての金融機関の中心であり、通貨の番人と呼ばれています。また、中央銀行には**発券銀行、政府の銀行、銀行の銀行**という三つの役割があります。ここでは、日本の中央銀行であ

る日本銀行について説明します。

「発券銀行」とは、現金通貨である銀行券を発行する機関（**通貨の発行機関**）であるということです。「政府の銀行」とは、政府が日本銀行に預金勘定をもっており、日本銀行の預金勘定を通して民間金融機関と取引ができるようになっているということです。また、日本銀行は**法令委託事務**を行っています。

日本銀行は家計や事業者と取引をせず、民間金融機関と取引をします。そのため、「銀行の銀行」と呼ばれます。日本銀行は日本銀行金融ネットワークシステム（日銀ネット）をもっており、日銀ネットでのオンライン処理は、日本銀行と金融機関、またはそれぞれの金融機関同士の決済を最終的に行う機能を果たしています。

「銀行の銀行」の重要な役割の一つは、日本銀行が銀行決済システ

重要キーワード

◆法令委託事務
　政府の行う金融取引を日本銀行が代行することです。具体的には税金（国税）や社会保険料の受け入れ、国の事業に伴う各種支払いなど国庫金の受け払いに必要な業務は、日本銀行にある政府勘定を通して行われています。

理解を深めよう

◆日本銀行の金融政策
　2013年4月4日に日本銀行は「消費者物価の前年比上昇率2％の「物価安定の目標」を、2年程度の期間を念頭に置いて、できるだけ早期に実現する」ために「量的な金融緩和を推進する観点から、金融市場調節の操作目標を、無担保コールレート」からマネタリーベースに変更しました（出典：日本銀行『「量的・質的金融緩和」の導入について』2013年4月4日付）。

ムが脅かされ、連鎖破綻が発生することを防ぐため、流動性（手元資金）不足となった金融機関に対して貸付を行います。日本銀行が行う特別融資を日銀特融と呼びます。日本銀行のこのような役割を**最後の貸し手**（Lender of Last Resort：LLR）と呼びます。

**金融政策**

　経済の安定的な発展のため、政府や日本銀行は様々な政策を行います。特に日本銀行が一般物価の安定をはかり、安定的な経済の発展のために行う政策を**金融政策**と呼びます。金融政策の基本的な方針は**政策委員会**の金融政策決定会合で決定されます。金融政策決定会合では金融経済情勢の検討を行い、その下で適切な金融市場調節方針を決定しています。このように日本銀行は、政府や財務省から独立して金融政策を決定し、遂行します。これを**日本銀行の独立性**と呼びます。このような独立性が確保されたのは1997年に日本銀行法が全面改正されたためです。

　日本銀行は、政策金利として短期金利（無担保コールレート）の誘導目標を定め、公開市場操作（オペレーション）によってこれを実現します。景気が悪化しているときは**金融緩和**を行い、景気が過熱しそうな場合は**金融引き締め**を行います。金融緩和とは資金を市場に流すことで、金融引き締めとは資金を市場から回収することです。市場に資金を流したり、回収したりするのが金融政策です。金融政策には、**公開市場操作・日銀による貸し出し・準備率操作**があります。

　公開市場操作は、債券や手形を売買することです。金融緩和をしたいときは、短期国債などを市場から買い取り、引き換えに**ハイパワードマネー**を放出します。金融引き締めを行いたいときは債券や手形を

市場に売り、ハイパワードマネーを回収します。このように債券や手形を買う取引を**買いオペレーション（買いオペ）**、売る取引を**売りオペレーション（売りオペ）**と呼びます。

　日銀は、民間銀行に資金を貸し出すことによって資金を供給することができます。民間金融機関が提供する担保の範囲内で行う金利入札貸出（**共通担保資金供給オペレーション**）です。また、このほかに金融機関が日本銀行から基準割引率及び基準貸付利率（日本銀行が金融機関に貸し出しを行うときの基準金利、旧**公定歩合**）で短期資金を借りられる補完貸付制度（ロンバート型貸出制度）があります。

　銀行は、集めた預金を全額金庫にしまっているわけではないことは信用創造で説明しました。しかし、全額貸し付けにまわしてしまうと急な預金の引き出しに対応できなくなります。その場合、銀行は流動性不足に陥り、破綻する可能性があります。そこで、日本では預金に対してある一定割合を準備しておく**準備制度**が採用されています。

　例えば、民間銀行が受け入れた預金が1000万円だけあるとすれば、

( 重要キーワード )

◆政策委員会
　日銀総裁と2名の副総裁、6名の審議委員で構成され、金融政策が決定されます。政策委員会は日銀法によって、金融政策や業務運営に関する最高意思決定機関として明確に位置づけられています。審議委員は日本銀行外部から選ばれた経済および金融に関して高い見識をもつ者あるいは学識経験者で、国会の同意を得て、内閣が任命します。

◆ハイパワードマネー
　民間非銀行部門の保有する現金通貨と銀行部門が準備金として保有する現金と日本銀行への預け金を合わせたものです。ベースマネーまたはマネタリーベースと呼ばれることもあります。ハイパワードマネーは日本銀行が直接的にコントロールできる政策変数です。

民間銀行は、預金額に一定の割合（例えば5％）をかけた金額（0.05×1000万円＝50万円）を中央銀行に預金として預け入れることが法律により義務付けられています。この制度が**法定準備率制度**です。このとき、準備の金額を計算するために利用する一定割合が**預金準備率**であり、準備率が100％である場合を全部準備制度、100％未満である場合を部分準備制度と呼びます。日本銀行は1991年10月に準備率を変更して以来、準備率の変更を行っていません。現在では行われなくなった金融政策です。

## マネーストック（マネーサプライ）

新聞やニュースで景気の話題がでるときに経済指標として、第4章で学習したGDPのほかに、マネーサプライや**マネーストック**という言葉を聞いたことはありませんか。以下では、マネーサプライ（マネーストック）とは何か、また、どうして景気指標として利用されるのかを説明します。

一般的に景気が良いときはモノを買ったり、投資をしたりと市場を流通するお金の量が増えますし、逆に景気が悪いときはお金の量が減ります。この市場を流通しているお金をマネーサプライ（通貨供給量）と呼び、景気指標として利用します。2008年に日本銀行はマネーサプライの集計範囲を変更し、マネーストックと名称を変更しました。

マネーサプライ（マネーストック）は、その集計範囲から$M_1$、$M_2$、$M_3$の3種類に分けられています。それぞれについてみていきましょう。

$M_1$：現金通貨＋預金通貨

$M_2$：現金通貨＋国内銀行に預け入れられた預金

$M_3$：$M_1$＋全預金取扱機関に預けられた預金（準通貨＋CD）

　マネーサプライ（マネーストック）の意味は、$M_1$が一番狭く、$M_2$、$M_3$となるごとに広くなっています。

### 重要キーワード

#### ◆公定歩合
　日本銀行が、民間銀行に貸し出しを行うときの基準金利であり、日本銀行が直接的にコントロールできる政策変数です。ロンバート型貸出制度が導入され、政策金利としての意味合いが強まったため、2006年より「基準割引率及び基準貸付利率」と名称が変更されました。

### 重要キーワード

#### ◆現金通貨
　日本銀行券発行残高と貨幣流通高の合計。

#### ◆預金通貨
　要求払い預金から調査対象金融機関の保有する小切手や手形を除いたものです。

#### ◆準通貨
　定期預金、据置貯金、定期積立金と外貨預金の合計。

#### ◆CD
　譲渡可能定期預金。満期前でも譲渡することによって換金が可能である。

# 第7章　労働市場

A business that makes nothing but money is a poor business（ヘンリー・フォード）.

　ヘンリー・フォードはT型フォードを開発し、自動車の原型を作ったフォードの創業者です。お金を稼ぐ以外に何も見出すことができない仕事は貧しい仕事であることを語っていますが、最近は仕事に生き甲斐をもっている人が少なくなり、お金のためだけに働いていないでしょうか。皆さんもこの言葉をじっくり考えてみてください。

## 私たちはなぜ働くのか

　働くという行為を皆さんはアルバイトなど通じて経験しているかもしれません。皆さんの場合、なぜ働くのかと問われたら、働いて得たお金（所得）を遊興費にあてるためと答える方も多いでしょう。また家計の援助という方もいるかもしれません。さらに社会経験のためと答える方もいるでしょう。一般的に働いている人も、生活のためあるいは生きるために働いていると答える人が多いと思います。しかし、労働そのものに喜びを求める人もいます。働く目的は多様なのかもしれません。

　一方、経済学は極めて割り切った考え方をします。私たちは働かず

(万人)

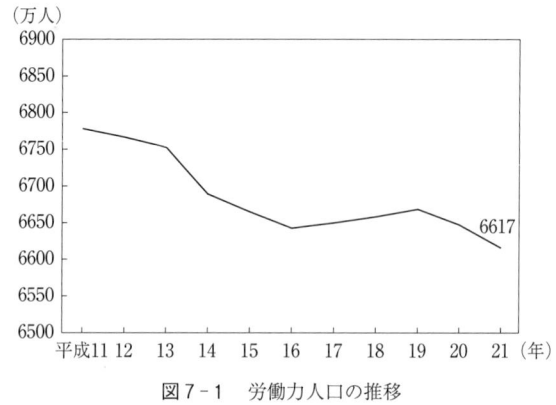

図7-1 労働力人口の推移
(出典) 総務省ホームページ「労働力調査」より筆者作成。

に遊んでいた方がよく、その遊びとは睡眠を含めた労働以外の時間すべてに当てはまり、それを**余暇**(レジャー)と呼びます。なぜ働くかはすでに述べたように、働くことで単位時間当たりの**賃金**を得て、その賃金の総和が所得となり、その所得から何らかの財やサービスを購入するためです。その財やサービスからも余暇と同じように満足を得ています。このような考え方に基づいて以下働くということを考えて行きます。

## 労働可能人口

総務省が実施している調査として**労働力調査**があります。それにしたがって日本の人口(日本在住の外国人を含めています)の15歳以上を**労働可能人口**と呼びます。15歳未満は労働可能人口とは考えられていません。労働可能人口は**労働力人口**(図7-1参照)と**非労働力人口**に分けられます。非労働力人口の例としては老人が挙げられ、さらに働

第 7 章 労働市場

```
15歳以上人口 ┬ 労働力人口 ┬ 就業者（月末 1 週間に少しでも仕事をした者）
           │          └ 完全失業者（仕事についておらず、仕事があればすぐつく
           │                      ことができる者で、仕事を探す活動をしてい
           │                      た者）
           └ 非労働力人口

完全失業率……労働力人口に占める完全失業者の割合（％）
```

図 7 - 2　総務省「労働力調査」における用語定義

（出典）　総務省ホームページ「労働力調査」（2014年）「労働力調査に関する Q&A」。

くことができないと考えられる人々が挙げられます。皆さんのような学生も働くことができても学業が忙しいために働くことができないと考えられ、非労働力人口とみなされます。

　労働力人口は**就業者**と**完全失業者**に分かれます。就業者はさらに細かく分かれますが、主要な項目として**雇用者**と**自営業者**を挙げることができます。完全失業者は図 7 - 2 が示すように「仕事についておら

( おさえておきたい基礎知識 )

◆労働力調査
　我が国の就業・不就業の状況を把握するため、一定の統計上の抽出方法に基づき、選定された全国約 4 万世帯の方々を対象に、毎月調査したものです。

( 理解を深めよう )

◆労働力人口
　図 7 - 1 は平成11年より平成21年までの男女合計の労働力人口の推移を表しています。平成21年の労働力人口は平均で6617万人であり、平成20年度に比べ、33万人減少しており、2 年連続の減少となっています（総務省労働力調査）。団塊の世代といわれる昭和22年から昭和24年の第 1 次ベビーブームの世代のリタイアが労働人口の減少につながっていると考えられます。

ず、仕事があればすぐつくことができる者で、仕事を探す活動をしていた者」と定義され、経済学が考える失業という概念とは異なります。

## 失業

経済学が重視する失業とは、市場で決定された賃金のもとで労働供給しているにもかかわらず、雇用されない状態です。これを**非自発的失業**と呼びます。

非自発的失業とは異なる失業の概念として重要なものは**自発的失業**と**摩擦的失業**があります。自発的失業とは市場で決定された賃金のもとで雇用されることが可能であるにもかかわらず、よりよい労働条件を求め、失業している状態です。摩擦的失業とは労働者が産業間あるいは地域間を移動する際に一時的に失業している状態です。自発的失業や摩擦的失業は一時的に発生してもやがて解消されるので、重要ではなく、経済学で重要視されているのはすでに述べたように非自発的失業です。これを解消するためには、政府が何らかの政策を実施する必要があります。

## 失業率と有効求人倍率

我が国の統計上の失業という概念は完全失業者を指しています。したがって、すでに述べたように経済学の失業という概念とは異なりますが、完全失業者の人数を用いて、我が国の失業を把握しています。そのため、失業率も経済学のそれとは異なりますが、便宜上完全失業率を当てはめています。完全失業率の定義は

$$完全失業率 = 100 \times 完全失業者 / 労働人口 \text{（\%表示）}$$

となります。**有効求人倍率**は仕事を探している求職者1人に対して何件の求人があるかを指し示すものです。有効求人倍率が1を超えると求職者数に対して求人の方が多いことを示しています。

完全失業率と有効求人倍率は相反する関係があることが想像できるでしょう。景気が良くなり、雇用情勢が改善されると有効求人倍率が増大し、より多くの仕事を得る機会が生じるので、完全失業率が低下します。図7-3から、有効求人倍率が上昇している期間は、失業率が低下していることがわかります。

### 労働供給と労働時間

本章の冒頭で、働くことにより単位時間あたりの賃金を得、その総和が所得となり、その所得により財やサービスを購入することで満足を得ていることを説明しました。ここではそれをもう少し詳しく説明

---

（重要キーワード）

◆**非自発的失業**
定義を簡単に言い直すならば、働きたいという意思があり、一般的な賃金でよいと思っているのですが、企業が雇ってくれない状態です。
◆**自発的失業**
定義を簡単に言い直すならば、働くところがあっても賃金が安すぎる、仕事が気に入らない、さらにもっと良い仕事があるはずだと考えて、就職しない状態です。最近の若い人はこのような傾向があるかもしれません。

（おさえておきたい基礎知識）

◆**有効求人倍率**
厚生労働省による厳密な定義では「月間有効求人数」を「月間有効求職者数」で除して得たものとされています。詳しくは厚生労働省のホームページをご覧ください。

118 第Ⅱ部 マクロ経済学

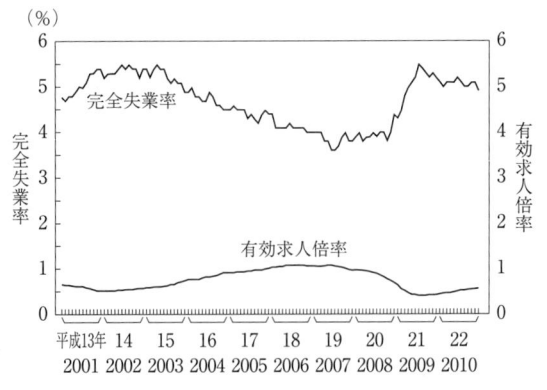

**図7-3 完全失業率と有効求人倍率**
(出典) 総務省「日本統計年鑑」(1999年)。

します。

　私たちの満足（経済学では**効用**と呼びます）は自分が所有する時間をレジャーとして消費することと財やサービスを消費することから得ています。ここでは単純に1日24時間を考え、レジャーと働くこと（以下**労働供給**と呼びます）に使います。レジャーにはまさにいわゆる遊びのレジャーも含まれますが寝ることも含まれていますし、ぼーっと過ごすことや読書もレジャーです。要は労働供給以外の時間をすべてレジャーと呼びます。したがって、以下のような関係が成立します。

　　24時間 = レジャーの時間 + 労働供給の時間

　すでに述べましたが、我々は働くことなく24時間をレジャーにあてて過ごしたいと思いますが、財やサービスを購入するために労働供給をすることで単位時間あたりの賃金を得ます。仮にこれを時給換算で

1000円とし、10時間働いた場合、1000×10＝1万円の所得を得ることができます。お金をもつことで満足（効用）を得る人もいるかもしれませんが、この1万円から、1単位2000円の財あるいはサービスを購入します。

この場合、5単位の財あるいはサービスが購入できます。この結果、14時間のレジャーの消費と5単位の財あるいはサービスの消費である効用を得ます。その効用を100としましょう。しかもこれはある人にとって満足が最大化されていると考えます。これを経済学では**効用最大化**と呼びます。

$$24 = 14(レジャー) + 10(労働供給)$$
$$\downarrow$$
$$所得 = 1000 \times 10$$
$$10000(所得) = 2000 \times 5$$

次に賃金が1000円から1200円に上昇したケースを考えてみましょう。一般的に皆さんは賃金が上昇した場合、「働く時間（労働供給）を増大させます」と答えるでしょう。しかし、経済学は労働供給が増大するか否かは一般的には何ともいえないということを教えてくれます。その理由を考えてみます。

なぜ賃金が上昇したら、労働供給を増やすと答えるのでしょう。そ

**重要キーワード**

**◆効用最大化**
　消費者の目的を表わしますが、予算制約のもとで実現することを目指します。ここでは労働供給を通じて得られた所得という予算制約のなかで、財やサービスを消費すると仮定します。

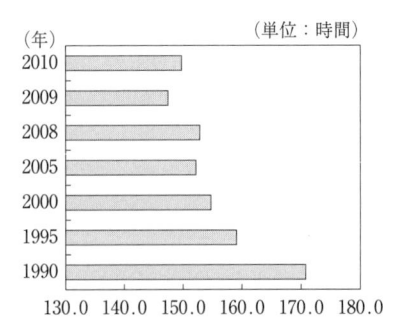

図 7-4　我が国の労働者1人平均月間総実労働時間数
(出典)　総務省「日本統計年鑑」(1999年)より筆者作成。

の答えは「1時間働くことで得られる賃金が増えるので、レジャーの時間を減らし、働く方が所得が増えるから」と答えるでしょう。これを経済学で解釈するならば、1時間をレジャーで消費することの費用（これを特に**機会費用**と呼びます）が増大したので、相対的に高くなったレジャーの消費を減らし、労働供給を増やす効果として説明できます。これを経済学では**代替効果**と呼びます。

次に賃金上昇は同じ時間働いても所得の増大をもたらします。したがって、賃金上昇に伴い、所得が増大したと考え、レジャーの消費を**上級財**であると仮定するならば、その消費を増やす効果つまり労働供給を増大させる効果（これを**所得効果**と呼びます）が働きます。

$$\text{賃金の上昇}\begin{cases}\text{代替効果：労働供給を増大}\\\text{所得効果：労働供給を減少}\end{cases}$$

労働供給が増大するかどうかは代替効果と所得効果の大小関係に依存します。

図7-4は1990年から2010年までの労働者1人平均の月間の労働時間を表しています。1990年は171時間の労働時間でしたが、2009年にはおよそ147時間まで減少しました。原因はいろいろと考えられますが、重要な要因は賃金上昇があっても、所得効果が代替効果を上回っているために、労働供給を減らす傾向を示していると解釈できます。これは日本だけでなく欧米の国々も同様の傾向があります。

**労働需要**

働き方と賃金の関係を労働供給のなかで学びました。次に労働者を雇う側はどのような考え方をするのでしょうか。労働者を雇う主体は

（重要キーワード）

◆**機会費用**
　ある選択を行うことで、そのほかの選択肢のなかで最も価値あるものから得られる利益（満足）を基準に、ある選択を行うことの費用を指す。
◆**代替効果**
　厳密な議論はミクロ経済学の消費者理論のところで勉強します。ここでは一定の効用水準を保ちながら、財価格の変動に伴う消費の変化を表します。ここでの例では100の効用を保ちながら相対的に高くなったレジャーの消費を減らす効果です。
◆**上級財と下級財**
　ミクロ経済学の消費者理論のところで詳しいことを学びます。所得が増大するとその消費を増やすような財を上級財と呼びます。それに対して逆に消費を減らすような財を下級財と呼びます。ただし、下級財はあくまで上級財に対する相対的な存在です。常に下級財というものはありません。
◆**所得効果**
　厳密な議論はミクロ経済学の消費者理論のところで勉強します。財価格の変動、例えば財価格が下落することで、同じ所得でもより多くの財が購入できるので、所得の増大と考え、その結果、財の消費を変化させる効果です。

表7-1 利潤最大化と労働需要量

| 労働者数 | 生産量 | 生産量の増分 | 収入 | 収入の増分 | 費用 | 利潤 |
|---|---|---|---|---|---|---|
| 1 | 20 | 20 | 2000 | 2000 | 800 | 1200 |
| 2 | 38 | 18 | 3800 | 1800 | 1600 | 2200 |
| 3 | 54 | 16 | 5400 | 1600 | 2400 | 3000 |
| 4 | 68 | 14 | 6800 | 1400 | 3200 | 3600 |
| 5 | 80 | 12 | 8000 | 1200 | 4000 | 4000 |
| 6 | 90 | 10 | 9000 | 1000 | 4800 | 4200 |
| 7 | 98 | 8 | 9800 | 800 | 5600 | 4200 |
| 8 | 103 | 5 | 10300 | 500 | 6400 | 3900 |
| 9 | 107 | 4 | 10700 | 400 | 7200 | 3500 |
| 10 | 109 | 2 | 10900 | 200 | 8000 | 2900 |

様々です。公務員は国や地方公共団体（都道府県、市町村など）が雇う労働者です。私も大学が雇う労働者です。医療現場で働く人々、例えば医師、言語聴覚士、看護師なども労働者です。ここでは企業が雇う労働者を考えます。

　企業については第2章で学びましたが、その目的は利潤最大化です。利潤とは収入から費用を除いたものです。ここでは労働だけが生産要素と考えます。労働者の賃金を800とし、労働者を用いて（**労働投入と呼びます**）生産される財の価格を100とします。表7-1において労働者数とは投入された労働者の数をあらわし、例えば労働者数が2の場合、2人の労働者を生産に投入したところ、38単位の財が生産されていることを示しています。したがって、財価格は100なので100×38＝3800の収入が実現されています。この生産に必要とされる費用は賃金×労働投入量なので、800×2＝1600となり、利潤は収入の3800から費用1600を除いた2200となります。

労働者数が1から2に増えることでの生産量の増分は38−20＝18となります。つまり、労働者を追加的に1人投入することでの生産量の増分を表しています。これを経済学では**労働の限界生産物**と呼びます。さらに収入の増分は3800−2000＝1800です。この収入の増分は労働者を追加的に1人投入することでの収入の変化なので、**労働の限界収入生産物**と呼びます。費用の増分は同じく1600−800＝800となり、これは労働者を追加的に1人雇用することでの費用の増分であり、**限界要素費用**と呼びます。ただし、賃金は800で一定なので当然のことですが、追加的に1人雇用することでの費用の増分は賃金800に等しくなります。

さて、企業は利潤最大化を実現するように行動しています。労働者数が1から10まで雇用する状態が表7−1で示されていますが、企業は労働者の雇用をどこまで増やすでしょうか。労働者数が6と7のケースにおいて、利潤は4200で最大化されます。ここでは労働者数7の状態で考えます。この状態は収入の増分である限界収入生産物が800であり、限界要素費用が800に等しい状態です。これは偶然でしょうか。経済学的に重要な意味があります。労働者が4から5に追加的に1単位労働者を雇用することで追加的な収入の増分は1200であり、費用の増分は800なので追加的な利潤の増分は400となり、この結果、利潤は3600から4000に増えています。

　限界収入生産物＞限界要素費用

上記の関係が満たされている状態では労働者を1人雇用することで企業は利潤が増大します。その利潤の増大が終焉するのは

**限界収入生産物＝限界要素費用**

を満たす状態です。つまり、労働者数が7の状態です。上記の関係は**利潤最大化条件**と呼びます。

労働者数が7から8に増えた状態を考えてみましょう。ここでは収入の増分は500なのに対して、費用の増分は800であり、この結果、利潤は4200より3900に減少します。つまり利潤最大化を満たすような状態より、労働者数を増やすとかえって利潤が減少することを示しています。

**限界収入生産物＜限界要素費用**

上記の関係を満たす場合、企業は労働者投入量を減らすことが重要です。これは現実のイメージではいわゆる「リストラ」です。企業は労働者の数を減らすことで収入も減るのですが、より費用が減ることで利潤が増大します。企業の目的は利潤最大化なので、リストラは企業にとって合理的な行動となります。

企業の労働需要はこれまでみてきたように利潤最大化を実現するように決定され、しかもその条件として限界収入生産物＝限界要素費用を満たすように決定します。

## 労働三法と労働組合

日本国憲法第27条2項は「賃金、就業時間、休息その他の勤労条件に関する基準は、法律でこれを定める」と規定しています。これは労働者の基本的権利を定めたものであり、この憲法の規定に基づき、

1947年に**労働基準法**が制定されました。さらに日本国憲法第28条では「勤労者の団結する権利及び団体交渉その他の団体行動をする権利は、これを保障する」と定めており、これは労働者の**団結権・団体交渉権・団体行動権（争議権）** を保障したものであり、これらの権利を保障するために**労働組合法**および**労働関係調整法**が制定されています。これら三つの法律を特に**労働三法**と呼びます。

労働組合は労働組合法第2条において「労働者が主体となって自主的に労働条件の維持改善その他経済的地位の向上を図ることを主たる目的として組織する団体又はその連合団体」と規定されています。日本の労働組合の歴史は高野房太郎や片山潜らによって1897年に創立された労働組合期成会が職業別労働組合の結成を呼びかけるところから誕生しました。

しかし、労働組合期成会は1900年に制定された治安警察法により弾圧され、1901年に解散しました。労働組合の形態は当初は**職業別組合**でしたが、現在のような**企業別組合**が発達したのは戦後です。

労働組合は終戦直後、50％を超える組織率を保持していました。しかし、高度成長から安定成長へと変わるなかで労働運動の性質が徐々に変化しました。政治的な色彩が強い労働組合はその支持を失い、組

重要キーワード

◆**労働基準法**
　労働条件の最低限の基準を定めた法律です。
◆**労働組合法**
　労働者の団結権・団体交渉権・団体行動権（争議権）を定めた法律です。
◆**労働関係調整法**
　労使関係の公平な調整を図り、争議行為を予防するために制定された法律です。

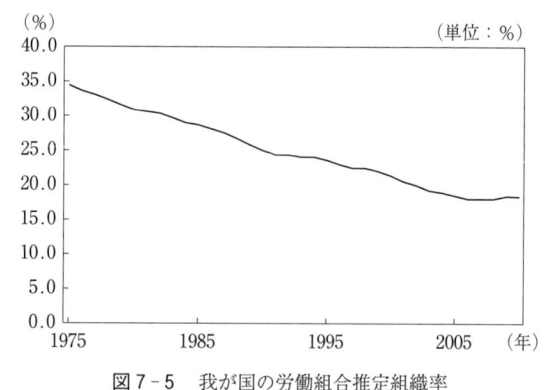

**図7-5　我が国の労働組合推定組織率**
(出典)　厚生労働省「平成23年度版厚生労働白書」より筆者作成。

織率は恒常的に低下し続けています。図7-5に示されているように、70年代に30％を超えていた組織率は、2009年には18.5％までに低下しています。

# 第Ⅲ部　国際経済学と日本経済史

| 第8章 | 貿易の構造としくみ |

　国際競争に勝たなければ、日本の企業は非常に衰微するのです（松下幸之助〔出典：『夢を育てる――わが歩みし道』PHP文庫、1998年〕）。

　1960年に松下電器産業（現：パナソニック）の創業者である松下氏が危機感を持って語った言葉です。この言葉は現在に至るまで日本企業の宿命ともいうべきものです。おそらくこの言葉の意味することを一番理解しているのは国際競争のなかで苦戦しているパナソニックではないでしょうか。

**経済成長を支えた貿易**

　明治以降、我が国の経済成長を支えてきたのは輸出であることは皆さんもご存じでしょう。図8‐1は1981年から2007年までの我が国の実質国内総生産（GDP）の増加率とその増加率において輸出が成長率にどの程度貢献しているかを示しています。

　表8‐1は2000年から2007年までのデータを示しています。例えば、2007年は2.4％の経済成長率でしたが、輸出は1.4％の経済成長率に貢献していることを示しています。同年の日本経済の成長率の半分以上が輸出に依存していることを示しています。このように我が国は消費

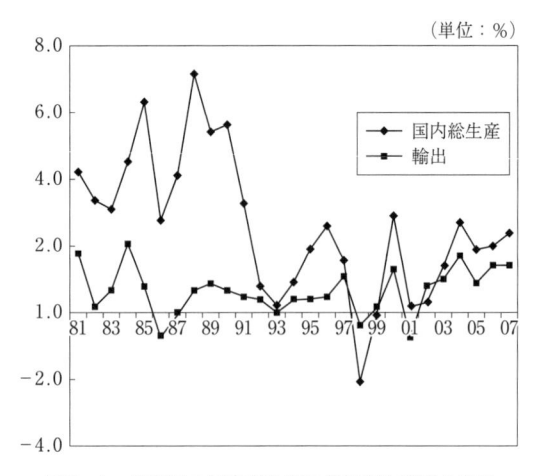

図8-1 我が国の国内総生産の増加率と輸出の寄与
(出典) 内閣府「国民経済計算」より筆者作成。

表8-1 我が国の国内総生産の増加率と輸出の寄与 (2000年〜2007年)

(単位:%)

|  | 2000 | 2001 | 2002 | 2003 | 2004 | 2005 | 2006 | 2007 |
|---|---|---|---|---|---|---|---|---|
| 国内総生産 | 2.9 | 0.2 | 0.3 | 1.4 | 2.7 | 1.9 | 2 | 2.4 |
| 輸出 | 1.3 | -0.8 | 0.8 | 1 | 1.7 | 0.9 | 1.4 | 1.4 |

(出典) 内閣府「国民経済計算」より筆者作成。

も経済成長において重要な貢献をしていますが、輸出なくして我が国の経済成長は昔も今もあり得ないことを示しています。

我が国は資源に乏しい国であるために資源を輸入し、これに付加価値を加えて輸出していることが昔の教科書では強調されていました。確かに、現在もその構造は残っていますが、グローバル化が進む世界経済において、こうした議論は単純に当てはまらなくなりました。

図8-2は1981年から2010年までの、我が国の自動車メーカーが製

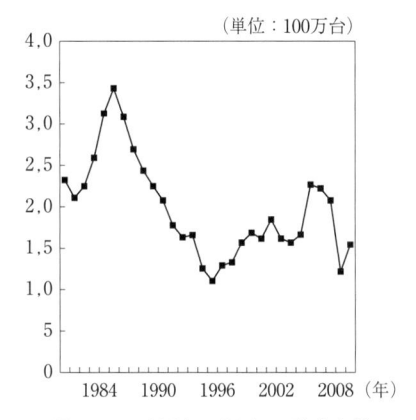

図8-2　乗用車の米国への輸出台数
(出典)（財）日本自動車工業会の資料より筆者作成。

造した乗用車の米国への輸出台数です。1987年には340万台を超える輸出がありました。しかし、その後は急激に減少し、1996年には100万台までに減少しています。

　これだけをみると、我が国の自動車産業が衰退しているのではと考えられるかもしれません。しかし、80年代は、自動車の輸出増により米国において貿易摩擦問題が発生しました。日本の自動車メーカーは米国におけるバッシングばかりでなく、日本国内においても経常収支の黒字問題の原因としてマスコミからバッシングを受け、その後米国での現地生産を拡大しています。

**保護主義がもたらした悲劇**
　1929年、米国のウォール街で起こった株価暴落をきっかけとして始まった世界恐慌を原因とする深刻な不況を脱出するため、各国は保護貿易主義へと転換しました。具体的には米国は1930年にスムート・ホ

ーレー法を制定し、輸入品に対して高い関税を課す政策に移行しました。これを受け、ヨーロッパの各国も報告的な関税政策を実施し、保護貿易主義へと転換しました。

また、ヨーロッパの各国は、特定の国や地域間においては関税を低くし、それ以外の国に対しては高い関税を課すブロック経済という保護主義的な政策を実施し、世界の貿易は縮小しました。「1929年に月平均で29億ドルであった世界の輸入総額は、1930年には23億ドル、1931年には17億ドル、1932年には11億ドルに縮小し、3年間で70％急減」(2009年『通商白書』)しました。このようなブロック経済化とナショナリズムの台頭が進むなかで世界は第二次世界大戦へと突入します。

### 戦後の自由貿易体制

世界恐慌とその後の保護貿易主義の台頭が第二次世界大戦の原因の一つであるという認識のもとで、自由な国際貿易を実現するために、1944年のブレトン・ウッズ体制の枠組みとして、多国間の協定締結により、1948年にGATT (General Agreement on Tariffs and Trade：関税および貿易に関する一般協定) が誕生しました。GATTの基本原則は自由・無差別・多角的の3原則より構成されています。「自由」とは輸出入の数量制限の関税化および関税率の削減つまり貿易障壁の軽減を定めており、「無差別」とは**無差別待遇の確保**であり、具体的には**最恵国待遇の原則**および**内国民待遇**の義務です。最恵国待遇の原則は例えば、A国がB国とある製品について関税率を10％から5％に下げることを合意した場合、その削減率がGATT加盟国にそのまま適用されることです。

「多角的」という文言ですが、多角的貿易交渉の略であり、自由貿

易を目指し、多数の国々が集まって協議することです。具体的には GATT は**一般関税交渉（ラウンド）**を通じて自由貿易の拡大という目的を実現するために、過去8回のラウンドを実施しています。主要なものとしては以下の通りです。

- **ケネディ・ラウンド**（1964〜67年）：62ヶ国が参加し、農業品以外で平均35％の関税引き下げを実現しました。
- **東京・ラウンド**（1973〜79年）：102ヶ国が参加し、非関税措置（補助金、輸入許可手続き、貿易の技術的障壁など）の軽減を実現しました。
- **ウルグアイ・ラウンド**（1986〜95年）：125ヶ国が参加し、サービス貿易、知的所有権および農産物の自由化などについて交渉が行われました。農業分野の交渉においては農産物の関税化は将来的には実現すること、そして最低輸入機会（ミニマム・アクセス）を与えることが決定されました。ウルグアイ・ラウンドで合意された事項を実現するために GATT を改組し、**世界貿易機関（WTO）**の設立が決定されました。

**貿易はなぜ発生するのか**

戦後の自由貿易体制の構築を目指し、GATT が設立されました。現在は WTO のもとで、財やサービスなどの自由貿易を実現するた

重要キーワード

◆**内国民待遇**
例えば、日本が消費税を5％課しているある製品に対し、輸入財であることを理由に特別に5％を超える消費税を課してはならないことを指します。

めのルール作りを目指し、さらに様々な貿易の障壁をなくすために、加盟国が貿易交渉を行っています。このような自由貿易を希求するということの重要性の背景に、そもそもなぜ貿易は発生するのかという問題があります。

例えば、なぜ日本は自動車を世界へ輸出することが可能なのでしょうか。その答えとしてみなさんは「トヨタ自動車をはじめとして、日本の自動車メーカーは海外の自動車メーカーよりも優れた技術をもっているため、良質でしかも安価な自動車の生産が可能であり、その結果海外に輸出している」と答える方が多いでしょう。しかし、このような考え方に対して、それが誤りであることを19世紀の経済学者が指摘しています。

19世紀、デビット・リカードは『経済学及び課税の原理』(1817年)において、比較生産費に基づく比較優位による貿易の発生を紹介しています。リカードは同書で、イギリスとポルトガルの毛織物とワインの数値例について紹介していますが、ここではA国とB国の2国から構成されている世界を考えます。両国はともにX、Y財を生産しており、両財の生産に投入される生産要素は労働のみです。両国の労働者の数は等しく、100単位とします。

両国がX、Y財を生産する際に用いられる労働者数を第7章で説明したように**労働投入量**と呼びます。表8-2においてB国のY財の数値は3となっていますが、これはB国においてY財を1単位生産するのに必要とされる労働投入量をあらわし、これを特に**労働投入係数**と呼びます。ほかの数値についても同様ですが、生産量に関係なく労働投入係数は常に一定とします。表8-2の数値例からわかることは、A国のX, Y財の労働投入係数はB国のそれを下回ります。例え

表8-2　A国とB国の労働投入係数

|  | X財 | Y財 |
|---|---|---|
| A国 | 1 | 2 |
| B国 | 2 | 3 |

ば、X財を1単位生産するのにB国では2単位の労働投入を必要としますが、A国は1単位の労働投入でよいことになります。つまり、A国はB国に比べてX財の生産について優れた技術をもっていることになります。また、Y財についてもA国はB国よりも優れた技術をもっていることをあらわしています。これはA国がX、Y財のいずれの財についてもB国に対して**絶対優位**をもっていることを示しています。

さて、このような状況のもと、通俗的な発想をすると、A国はX, Y財を共にB国へ輸出すべきであるとか、A国はB国と貿易をするメリットがないので、鎖国すべきであるということになります。このような発想は貿易が絶対優位を前提として成立していると考えるからです。そこで、貿易をする価値がないと思われるA国が、貿易をする価値があることを説明しましょう。

B国がA国に次のような提案をします。

　A国は1単位余分にX財を生産し、これをB国に輸出してくだ

──( おさえておきたい**基礎知識** )────────────

◆**世界貿易機関（WTO）**
　スイスのジュネーブにあり、1995年のウルグアイラウンドにおいて設立され、160ヶ国（2014年6月現在）が加盟しています。

さい。これによりB国はX財が1単位増大するので、自国のX財生産を1単位減らし、余剰労働者をY財の生産にシフトし、これをY財の生産に投入します。そして、これをA国へ輸出します。

さて、上述の提案にしたがって、A国およびB国のX、Y財の生産量の変化を計算してみましょう。A国はX財を追加的に1単位生産するために、1単位の労働を必要とします。したがって、Y財産業から1単位の労働がシフトすることになります。

この結果、Y財産業の生産量は0.5単位減少することになり、このX財1単位がB国に輸出されます。上述の文章にもあるようにB国はX財が1単位増大したので、国内のX財の生産を1単位減らし、余剰労働力をY産業にシフトします。これはY産業において2/3単位の生産の増大をもたらします。これを約束どおりA国に輸出します。以上がA国とB国の取引の全体像です。

さて、輸出入後の国内生産量ですが、B国はすぐにわかるようにX, Y財の生産は変化していません。しかし、A国は$2/3 - 1/2 = 1/6$単位のY財の増大が発生しています。これは貿易をするメリットがないはずのA国が貿易によって国内の財の供給量が増大するというかたちで利益を享受していることを意味します。

この数値例から何を学ぶことが出来るでしょうか。やはりここでも第7章で学んだ**機会費用**が重要なファクターとなります。例えば、A国においてX財を1単位生産することは、もしその生産を行わなかったなら、Y財の生産が1/2単位生産可能であったことを示しています。そこで、A国においてX財1単位あたりの機会費用をY財で測るなら1/2となります。B国におけるX財1単位あたりの機会費用を

Y財で測るなら2/3です。これはA国とB国で比べるならA国の方がX財生産の機会費用が相対的に低いことを意味します。実はこのようにX財とY財の関係において機会費用を捉えたものを**比較生産費**と呼びます。A国はB国に比べ、X財の比較生産費が相対的に低いので、A国はB国に比べX財について**比較優位**をもつといいます。

　しかし、皆さんのなかにはA国がX財について絶対優位をもつからこのような結果がもたらされるのではないかと疑っている方も多いでしょう。そこで、Y財についてもX財で測った機会費用をA国、B国について調べてみましょう。A国では2であり、B国では1.5となり、これはY財1単位あたりのX財で測った機会費用を比べた場合、B国の方が低いので、B国がY財について比較優位をもっていることを意味します。

　さて、この数値例が示すようにA国はX財について比較優位をもち、B国はY財について比較優位をもつことになり、それぞれの国が比較優位をもつ財を輸出することにより貿易から利益を得ることができるのです。これがリカードによって提示された技術格差による貿易発生の理由です。

### ヘクシャー・オリーンモデル

　貿易の発生理由として国家間の相対的な技術格差をリカードは主張しましたが、技術格差がなくなった場合、貿易は存在しなくなるのでしょうか。技術格差は貿易が行われることでなくなるケースがあります。

　例えば、日本のあるオートバイメーカーは中国をはじめとして多くの国々に輸出などを通じてオートバイを供給しています。しかし、ベ

トナムでは中国メーカーがその日本企業のコピー商品ともいうべきオートバイを輸出していました。日本製よりも遙かに安く、品質はほとんど変わらなかったために、その日本企業はベトナム市場で苦戦を強いられることになりました。中国メーカーは日本企業の技術を短期間で模倣することができたといわれています。このように模倣というかたちで技術は移転し、国家間の技術格差はなくなる可能性があります。

技術の差のない世界ではリカードが主張するような貿易は発生しません。そこで別の貿易の発生理由としてスウェーデンのエリ・フィリップ・ヘクシャーとベルティル・ゴットハード・オリーンの2名の経済学者が、生産要素の存在量の相対的相違が貿易を発生することを示しました。生産要素として労働に加え、資本も考えます。

日本と中国について簡単な数値例を使って考えてみましょう。日本は労働が10、資本が20存在し、中国は労働が100、資本が150存在すると考えます。現実の世界でしばしば誤解されるのは、中国は労働も資本もともに日本を上回っていますので、日本よりも安くものが作ることができ、その結果、中国は世界の工場と呼ばれると考えがちです。

しかし、これはヘクシャー・オリーンの考え方では誤りです。彼らは労働と資本の絶対量の差ではなく、相対的な存在量の差を考えました。具体的には資本を労働で割った比を考えます。日本は$20/10=2$、中国は$150/100=1.5$です。つまり日本は中国に比べ、相対的に資本が多いことを意味します。逆に中国は日本に比べ、労働が多いことを意味します。両国は自動車と農業においてまったく同じ技術をもち、両財ともに資本と労働を生産に用いますが、自動車は農業に比べ、資本をより多く必要とする財（**資本集約的**な財と呼びます）であり、農業は自動車に比べ、労働を多く必要とする財（**労働集約的**な財と呼びます）

です。日本と中国が貿易を行っていなかったならば、日本は資本が相対的に多いので中国に比べ、資本財の価格が安く、逆に労働者の賃金が高いので資本集約的な財である自動車の価格は中国に比べ、安くなります。しかし、農産物の価格は高い賃金の労働を多く用いるために中国に比べ高くなります。逆に中国は安い労働力を用いた農産物が日本に比べ安く、価格の高い資本財を用いた自動車の価格は日本に比べ、高くなります。

両国が貿易を行っていない状態から貿易を開始した場合、日本は自動車に比較優位があり、中国は農産物に比較優位があるので、それぞれ比較優位がある財を輸出するかたちで貿易が発生します。これがヘクシャー・オリーンの生産要素の相対的な**賦存量**（存在量）の相違から発生する貿易の考え方です。貿易が行われるとやがて両国間の自動車と農産物の価格差がなくなります。価格差がなくなることは、裏返していうならば両国間での自動車と農産物の生産費用の差がなくなることを意味します。生産費用の差がなくなるのは、両国間における資本財の価格と賃金の価格差がなくなるからです。つまり貿易が行われることで両国間の生産要素の価格が均等化します。これを**要素価格均等化定理**と呼びます。

## 貿易を行うことが望ましい理由

第1章において需要と供給の基礎的なことを学びました。ここではその基礎を前提として保護貿易がなぜ望ましくないのかを考えます。

図8-3は横軸に需要量、供給量をあらわした数量として$X$であらわしています。縦軸は価格を表しており、価格の水準を$p$であらわしています。右下がりの直線はすでに学んだように需要曲線をあらわし、

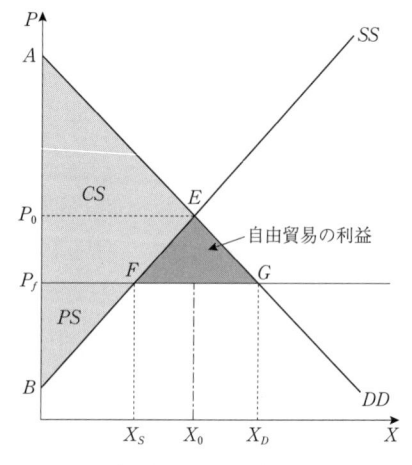

図 8-3 自由貿易の利益（輸入のケース）

$DD$ と示しています。右上がりの直線は供給曲線をあらわしており、$SS$ と示しています。需要曲線と供給曲線の交点 $E$ が通常の需要と供給が一致した状態です。この状態を完全競争均衡と呼びました。そしてこの状態では消費者余剰（図の $\triangle AEP_0$）と生産者余剰（図の $\triangle BEP_0$）の和であるところの総余剰（図の $\triangle AEB$）が最大化されることを学びました。

この状態は貿易の分野では**閉鎖経済**の状態です。海外との財の輸入や輸出が行われてない状態です。この状態での国内の価格は図 8-3 が示すように $P_0$ です。閉鎖経済より、海外からの財の輸入や輸出が可能となった状態を考えます。この財は海外の価格は $P_f$ です。この価格は国内価格よりも低いので、この財は輸入の対象となります。しかも自国がこの財をいくら輸入しても国際価格は変化しないと仮定します。これを特に**小国仮定**と呼びます。したがって、$P_f$ の価格で海

外から無限の供給があると考えますので、水平的な直線が描かれています。この国際価格のもとで需要者はX財をどれだけ需要するでしょうか。$P_f$の水平的な直線と需要曲線$DD$との交点である$G$で需要量$X_D$が決まります。

供給量も同様に考え、供給曲線との交点である$F$で供給量$X_S$が決まります。$X_D - X_S$は国内の需要量が供給量を上回っている状態なのでこれが自国にとっての輸入量を表しています。貿易が行われ、X財が輸入されることで消費者余剰は$\triangle AEP_0$から$\triangle AGP_f$に拡大します。また、生産者余剰は$\triangle BEP_0$から$\triangle BFP_f$に減少します。自国全体では総余剰は$\triangle EAB$に加え$\triangle EFG$が増大します。つまり、貿易をすることで自国の総余剰は増えています。特に$\triangle EFG$を**自由貿易の利益**と呼びます。

ここでの議論は、イメージとして、我が国の農産物の貿易を考えるとよいでしょう。ある農産物の輸入が政府によって規制されている状態から自由貿易が行われた状態です。これは需要者の立場では、国内価格が低下することで需要量が拡大し、消費者余剰が増大するというかたちで恩恵を受けます。しかし、生産者は国内価格が低下することで供給量を減少せざるを得ず、この結果、生産者余剰は減少します。日本の農家は自由貿易に反対するのは当然です。しかし、日本全体で考えますと、総余剰が増大しているので、自由貿易は日本にとって国際価格が輸入量によって変化しないもとでは最適となります。

2013年に安倍晋三首相はTPPへの参加（詳しくは第9章を参照）を表明しました。そのなかで「日本の国益」を損なわない限りは参加という前提条件ですが、日本の国益というのが総余剰であるならば、小国仮定のもとでは参加すべきということになります。

| 第9章 | グローバル化が進む経済 |
| | ――戦後日本の歩みから |

　いまや世界は「企業が国を選ぶ」時代に入っており、ビジネス展開がしやすい国や地域を求めて企業が移動する時代である。我が国も市場経済を追求していかない限り、海外の企業はもとより、日本の企業でさえも国内から脱出してしまいかねない。企業が国を選び時代には、国家は国際的な競争力のある舞台づくりを行うことが不可欠である（茂木友三郎〔出典：『キッコーマンのグローバル経営』生産性出版、2007年、4頁〕）。

　昭和30年代からしょうゆの輸出を始め、しょうゆ需要が全米に広がるなかで1973年に米国でのしょうゆ生産を始めたグローバル企業の先駆けともいうべき経営者のきわめて的を射た名言です。皆さんの立場で考えるならば、「働くものが国を選ぶ」時代に入りつつあります。皆さんも日本だけでなく世界という舞台での活躍を考えて下さい。

**太平洋戦争の被害と戦後へのつながり**

　1941年の真珠湾攻撃から、我が国は太平洋戦争へと突入しました。戦争による我が国の経済への打撃は深刻であり、図9-1が示すように、鉱工業生産の規模は終戦の1945年は、41年のおよそ六分の一の水準となっていました。

図 9-1　一般鉱工業生産の推移

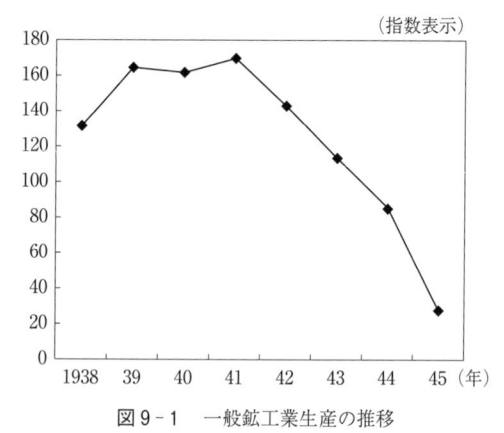

(出典)　三和良一・原朗『近現代日本経済史要覧』(東大出版会、2010年、135頁) より筆者作成。
(注)　1925年を100とする指数で表示しており、1938年は131.3であり、1925年に比べ、31.3%増大していることを意味している。

しかし、戦争の期間は日本経済にとって負の側面だけでなく、戦後経済の基礎となるものが構築された期間です。ある研究者によると、戦後の重化学工業化を可能としたのは、戦時下において軍事工場に従事した労働者等が技術を修得したことが背景にあることを指摘しています。我が国の製造業において一般的に存在する**下請け制**もこの時期に確立されたことが指摘されています。

また、戦後の金融機関を中心にした**企業グループ**の基礎は1944年の「軍需会社指定金融機関制度」にあることを指摘する研究者もいます。政府は軍需会社に「指定金融機関」を定め、その金融機関から必要な資金を供給するようなシステムを作りました。この時期に財閥系以外にも日本興業銀行 (現:みずほ銀行)、三和銀行 (現:三菱東京UFJ銀行)、第一勧業銀行 (現:みずほ銀行) などの金融機関による系列の基礎が形成されました。

戦後の労使関係に目を転じると、戦時中に労働組合は解散され、企業ごとに**産業報国会**が組織され、労使が協調するようになりました。これは戦後、我が国の**企業別労働組合**の基礎となったことを指摘する研究もあり、さらに**日本的経営**として知られる**年功序列型賃金**や**終身雇用制**もその誕生は第一次世界大戦後の不況期ですが、それが普及したのは統制経済のなかで賃金も統制されたことがきっかけであったことも指摘されています。

また、我が国の福祉政策の基本ともいうべき**国民皆保険**の基礎は38年に制定された「国民健康法」です。農業では41年に制定された**食糧管理制度**は小作人を保護する政策であり、食糧増産の必要性に迫れた政府は米生産者の受取価格を引き上げました。このような政策の結果、

(理解を深めよう)

第一勧業銀行は1971年に第一銀行と日本勧業銀行が合併して誕生しました。さらに2002年に、富士銀行および日本興業銀行（興銀）が合併し、みずほ銀行となりました。古河銀行は、金融恐慌により経営不振に陥ったため、1931年に第一銀行により救済合併されましたが、もともと旧古河財閥系であったため、この関係で古河財閥系企業（例：古河鉱業、富士電機など）との系列が形成されました。

(重要キーワード)

◆企業別労働組合
　企業内の従業員を中心として形成された企業別の労働組合のことです。
◆日本的経営
　日本企業特有の経営慣行を指す言葉であり、戦後の高度成長期から90年代のバブル崩壊まで続けられていたといわれています。
◆国民皆保険
　国民全体に加入を義務づける医療保険制度のことです。

戦前の時点において小作制度は形骸化されていたことが指摘されています。

## 戦前と戦後の関係

　日本は終戦を迎え、ポツダム宣言に基づき連合国によって占領され、新しい時代を迎えました。米国の単独占領下に置かれ、**連合国最高司令官総司令部（GHQ）**は間接統治というかたちで日本政府をコントロールしました。

　終戦を迎えた日本において見逃してはならない動きがありました。太平洋戦争期に軍需産業を強化すると同時に、計画経済を推進するために商工省と**企画院**が統合され、**軍需省**が設置されました。軍需省は、終戦後マッカーサー元帥が率いる占領軍が上陸する直前の8月26日に当時軍需省次官であり、**革新官僚**であった椎名悦三郎氏（後の自民党副総裁）の指導のもと、商工省に復帰しました。これは戦後の日本経済を考えるうえで、重要な出来事であり、日本が新しい時代を迎えたというよりも戦前と戦後は断絶されておらず、戦前がそのまま戦後に継続されていることのあらわれです。それは日本の財政・金融を担う大蔵省（現：財務省）もそのまま継続されました。

## 戦後の混乱

　戦争により国富の約四分の一を失い、生産水準も大幅に落ち込みました。政府は終戦直後に臨時軍事費をはじめとして、軍人への給与、軍需品への支払などに巨額の財政支出を行ったことで、我が国経済は急速にインフレが進行し、国民生活は窮乏化し、破綻状況となりました。

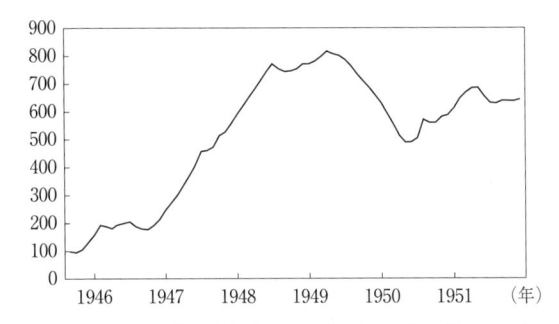

**図9-2　戦後期の消費財物価指数の変化（1945年9月～1951年12月）**
(注)　1945年9月の消費財物価指数を100として考える。
(出典)　高木他「戦後インフレーションとドッジ安定化政策」（ファイナンシャルレビュー、1994年）。

　図9-2が示すように、消費財の物価指数は1945年9月時点に比べ、1948年頃には800近くまで上昇し、わずか3年足らずで約700％の物価上昇率となっています。このような状況は我が国経済がハイパーイン

――― 重要キーワード ―――

◆企画院
　1938年に「国家総動員法」が成立しました。その第1条において国家総動員とは「戦時」および「戦争ニ準ズベキ事変ノ場合」、「国防目的達成」のため国の「全力」を最も有効に発揮させるような「人的及物的資源」を「統制運用」する状態であることと定義し、さらに戦時おいては勅令によって国民を「徴用」して「総動員業務」に従事させることを認めています。さらに就業条件や賃金、物資の生産や配給、輸出輸入の制限、企業活動および「利益金」の処分などについての規制や、国民生活全般にかかわる経済統制が実施されました。実際の運用は1937年に設立された**企画院**を中心に物資の動員計画が策定され、その中心に**革新官僚**と呼ばれた軍・経済官僚グループが本法案の作成ばかりでなく、運用の中核的な役割を果たしました。

◆ハイパーインフレーション
　短期間で物価上昇率が大幅に上がる状態のことです。

フレーションの渦中にあったことを示しています。

これに対して政府は1946年2月に**金融緊急措置令**および**日本銀行券預入令**を公布して、一定額以上（5円以上）の日本銀行券を強制的に金融機関に預入させ、既存の預金とともに封鎖しました。さらに生活費等に限って一定金額の新銀行券による払い出しを認めるいわゆる「新円」切替を実施しました。これにより一時的にインフレ進行は阻止されました。預金封鎖という強行的手段に基づく銀行券流通高の減少を図ったことは過去においても例をみない極めて異例な経済政策でした。この政策の結果、1946年においては図9-2が示すように、消費財の物価指数は安定しました。しかし、これは一時的なもので1946年の末よりまた上昇に転じ、1949年のドッジ・ラインまで続きました。

**戦後の復興経済政策**

金融緊急措置令が施行された後、占領軍は1946年7月に戦時補償の打ち切りを命令しました。これは戦時中、軍需会社、民間・財閥系企業に対して損失補償を政府が約束していましたが、これが反故されることとなり、経済はますます混乱しました。

戦後の混乱を終息させ、復興へ向かわせるために政府は企業や金融機関を援助する必要性を考え、1946年5月に誕生した第1次吉田内閣は**経済安定本部**（後の経済企画庁、現：内閣府）を設置し、吉田茂のブレーンであった有沢廣巳氏が考案したいわゆる**傾斜生産方式**を実施することが決まりました。これを実施するために資金供給面での対応を行う機関として**復興金融公庫**（復金）が設立され、重点産業への資金供給を担うことになりました。傾斜生産方式は石炭産業と鉄鋼業に資材と資金を集中させ、その生産を拡大するものでした。

しかし、傾斜生産方式を資金面で支えた復興金融公庫による資金供給はインフレーションを引き起こすこととなりました。図9-2が示すように1947年から48年にかけて消費財物価指数は大幅に上昇しています。この経済政策は戦前の統制経済の流れを組むものであり、それを立案し、実行していたのは戦前の企画院の革新官僚が含まれていたことが指摘されています。つまり、戦前と戦後はこの政策においても継続性を示しています。その象徴的な贈収賄事件が1948年の**昭和電工事件**です。これは復興金融公庫からの融資を得るために、昭和電工の社長が政府高官や政府系金融機関幹部に対して賄賂を送った事件です。この贈収賄事件では当時大蔵省主計局長であった福田赳夫（後の内閣総理大臣）、当時野党の民主自由党の幹部である大野伴睦（後の自民党副総裁）が逮捕され、当時の芦田内閣の主要閣僚も検挙され、芦田内閣は総辞職しました。その後、芦田前首相も逮捕される事態にまで発展しました。この事件は当時、復金融資の重要性とその権限を官僚および政治家が握っていたことを示すものであり、戦前の統制経済の名残ともいうべき事件です。

　傾斜生産方式についての経済復興および経済成長への評価はあまり高くありません。むしろそのマイナス面であるハイパーインフレーションの方が強調されています。しかし、このインフレは一部の人々にとっては劇的な影響を与えました。華族や戦前からの資産家、大地主はインフレによりその資産の価値を失い没落しました。戦後において旧華族や戦前の資産家が我が国の政治・経済にほとんど影響をおよぼすことがなかったのは、まさにこのインフレの副産物でした。結果として我が国はマルクス流の階級闘争をすることなく、いわゆる中流社会が誕生することとなりました。

## 農地改革

　戦後の経済民主化の三大改革として財閥解体、農地改革、労働の民主化が挙げられます。農地改革の基礎は戦前において革新官僚である和田博雄（農林省）が検討していました。しかし、和田は**企画院事件**の首謀者として逮捕されますが、終戦後無罪判決を受け、農林省に復帰し、農政局長となり、第1次農地改革案を作成・成立させました。その後、占領軍がこの改革案は不十分であるとみなしたため、第1次吉田内閣は農林大臣に和田を抜擢し、占領軍より提示された農地改革案を実現しました。

　この農地改革案では、不在地主の土地はすべて、在地地主の場合は約1ヘクタールを超える部分を政府が地主より強制的に安い価格で買い上げることができました。この結果、表9-1が示すように、1945年11月の農地改革以前では全体の農地面積における小作地面積は、我が国全体では45.9％（小作地面積／農地総面積）でしたが、農地改革により政府によって買い上げられた面積は我が国全体で37.5％（買収対象面積／農地総面積）に上り、小作地のおよそ80％がその対象となりました。そして1950年8月の農地改革後では、小作地率は9.9％（小作地面積／農地総面積）にまで減少しました。

　農地改革が、米の増産を促したのかどうかについてある研究者は、北海道や東北などの大地主が強かった地区では、米の土地生産力を急速に高める効果があったことを指摘しています。

　しかし、別の研究では農家間の所得分配の平等化を促しましたが、土地が地主より小作農へ移動しただけで経営規模が変わらない自作農を誕生させただけであるという指摘もあり、農業生産の効果に対しては否定的です。

表9-1 農地改革の実績

(単位:町)

| 農地改革前と農地改革過程 | | | 農地改革後 | |
|---|---|---|---|---|
| 農地総面積 | 小作地面積 | 買収対象面積 | 農地総面積 | 小作地面積 |
| (1945年11月) | | (1945年11月〜50年8月) | (1950年8月) | |
| 5155697 | 2368233 | 1933009 | 5200430 | 514724 |

(出典) 三和良一・原朗『近現代日本経済史要覧』(東京大学出版会、2010年、145頁)より筆者作成。

表9-2は稲作の作付面積や単位あたりの収穫量、収穫量の推移を明治から1960年代までにかけて大まかに紹介しています。1912年から27年にかけての単位あたりの収穫量の上昇率は16.7%です。年単位で

重要キーワード

◆企画院事件

　日中戦争の不利な戦況を打開するために強力な政権を作る必要性が叫ばれ、既存の政党政治の殻を破り、国民組織を基盤とする独裁政党を結成して国民を戦争協力に向かわせるための新体制運動が発生しました。近衛文麿はその先頭に立ち、この結果、立憲政友会や立憲民政党、社会大衆党などの諸政党が解散し、新体制運動に参画することとなりました。

　1940年7月に第2次近衛内閣が成立し、その発足直後に近衛首相は大東亜共栄圏構想を発表し、さらに10月に大政翼賛会が誕生しました。大政翼賛会は新体制運動の大きな成果であり、新体制運動の最後の仕上げとして12月には「経済新体制確立要綱」が発表されました。この要綱に対して財界から批判の声が上がり、阪急電鉄の創業者であり、当時近衛内閣の商工大臣であった小林一三は経済新体制要綱の中心メンバーであり、革新官僚であった岸信介商工次官(後の60年安保の時の内閣総理大臣。第90代、第96代安倍晋三内閣総理大臣は孫に当たる)と対立しました。近衛文麿は経済新体制運動が共産主義的であることを嫌い、経済新体制確立要綱を骨抜きにすることを目指しました。こうしたなかで、経済新体制確立要綱の基礎を作った企画院のスタッフが共産主義者として逮捕される「企画院事件」が発生しました。この事件のあおりを受け、岸信介も商工次官を辞職することになりました。

表9-2 水稲の作付面積、収量、収穫量の推移

| 年産 | 作付面積<br>(ヘクタール) | 10アール<br>当たり収量(kg) | 収穫量<br>(トン) |
|---|---|---|---|
| 1903年<br>(明治36年) | 2,755,000 | 249 | 6,872,000 |
| 1912年<br>(大正元年) | 2,869,000 | 258 | 7,389,000 |
| 1927年<br>(昭和2年) | 3,013,000 | 301 | 9,083,000 |
| 1960年<br>(昭和35年) | 3,124,000 | 401 | 12,539,000 |
| 1967年<br>(昭和42年) | 3,149,000 | 453 | 14,257,000 |

(出典) 米ネットホームページ (http://www.komenet.jp/komedata/) より筆者作成。

は生産量の増分は約1％です。1927年から60年までは33.2％であり、これも年単位では1％です。1927年から60年までは戦争により生産量が大幅に落ち込んだ時期があったにせよ、農地改革による生産量増大効果はそれほど大きくなかったことが予想されます。むしろ、農地改革と食糧管理制度が一体となったことで零細米農家が温存され、1960年代以降の兼業農家の大幅な増加や、米の過剰生産へと繋がる負の遺産の方が大きい可能性があります。

### 財閥解体

　三井や三菱に代表される財閥について、占領軍は帝国主義の尖兵としての役割をもっていたと考えていましたが、財閥側は貿易などを通じた海外との取引を重視しており、欧米諸国との友好関係の構築をむしろ望んでいたといわれます。

　GHQ は1945年11月に「財閥解体に関する GHQ 覚書」を発表し、

これを受け、政府は1946年に財閥の持株などを引き継ぎ、整理に当たる**持株会社整理委員会**を設立し、財閥解体に向けて具体的に動き始めました。

さらに1947年4月には**独占禁止法**が制定され、12月には**過度経済力集中排除法**が成立しました。この法案に基づき、1948年2月の段階では325社が法案対象の分割企業に指定されましたが、冷戦下のために占領政策が変化し、分割された企業は18社にとどまりました。

分割された企業の代表的な例としては日本製鉄が八幡製鉄と富士製鉄およびその他の企業に分割され、大日本麦酒が朝日麦酒（現：アサヒビール）と日本麦酒（現：サッポロビール）に分割されました。このような企業分割は企業間競争を促し、この競争が生産設備の更新と拡張そして技術進歩を促し、我が国の経済成長の原動力となったという指摘もあります。

ドッジ・ライン

1948年10月に米国はアジア情勢が変化するなかで日本の役割を重視し、対日基本政策を大幅に転換しました。具体的にはGHQの権限を日本政府に委譲し、日本の各種制限を大幅に緩和し、経済復興に舵を切りました。これを受け、政府は12月に**経済安定九原則**を実行するようにGHQから指示を受けました。

その内容は「総予算の均衡」、「徴税計画の促進強化」、「賃金の安定」、「物価統制の強化」などです。これを実施するためにデトロイト銀行頭取のジョセフ・ドッジが来日しました。ドッジは自由経済を重視し、政府による市場への介入を忌み嫌っていました。そこでいくつかの原則を我が国政府に提示しました。具体的には均衡予算であり、

さらに復興金融金庫の「新規起債」(新規融資)の停止、そして補助金の削減です。

ドッジ・ラインによりインフレは終息しましたが、経済の不況は深刻化しました。この結果、人員整理などの合理化が行われ、労働争議が頻発しました。1949年にはシャウプを中心とする財政の専門家集団が来日し、税制の大改革が行われました。この改革により我が国の税制は**直接税**が中心となり、さらに累進所得税方式が採用されました。

このシャウプの改革において強調される直接税重視の税体系の基礎は、1936年の広田弘毅内閣の馬場鍈一蔵相による「馬場税制改革案」にあることを強調する研究者もいます。この税制改革案は「直接税体系は所得税を中枢とし収益税及び財産税を以て補完する事」が挙げられ、所得税では「増徴の割合を比較的多からしめること」(累進所得税方式)が特徴となっており、個人への課税よりもよりも「法人」への課税を重視することが挙げられています(「大阪時事新報」1936年9月22日付)。これはシャウプ改革そのものであり、大蔵官僚がこの改革の裏にいて、かつて自らが作った「馬場税制改革案」を実現したと考えることもできます。そして、この税制改革も戦前からの政策の踏襲の賜物と考えられます。

### 朝鮮戦争と高度成長への道

1950年6月に始まった**朝鮮戦争**(1950年～53年)はドッジ・ラインによる1949年のデフレーション状態(図9-2参照)を一変させました。

我が国への米軍の特需は表9-3が示すように、1950年から55年の約5年間で物資およびサービスの両面で需要を拡大させました。このような特需は我が国の輸出増をもたらし、外貨収入を増大させること

表9-3 「特需」による主な物資とサービスの契約高（1950年6月〜55年6月）

(単位：1000ドル)

| 物資 | | サービス | |
|---|---|---|---|
| 兵器 | 148489 | 建物建設 | 107641 |
| 石炭 | 104384 | 自動車修理 | 83036 |
| 麻袋 | 33700 | 荷役・倉庫 | 75923 |
| 自動車部品 | 31105 | 電信・電話 | 71210 |
| 綿布 | 29567 | 機械修理 | 48217 |

(出典) 三和良一・原朗『近現代日本経済史要覧』（東京大学出版会、2010年、149頁）より筆者作成。

で輸入も増大させました。この時期の特徴として、産業構造の変化、重化学工業化の推進、外国の技術を導入した技術革新が挙げられます。

政治的には1951年に**サンフランシスコ講和条約**が調印され、我が国は独立国としての主権を回復すると同時に、西側世界の一員となりました。1954年には**神武景気**が始まり、1956年には国連にも加盟しました。同年の経済白書には「もはや戦後ではない」と明記され、戦後復興の終了を宣言しました。

そして、1958年からは**岩戸景気**に沸き、1962年からは**オリンピック景気**、そして1965年11月から1970年7月までの57ヶ月間続いた**いざなぎ景気**へとつながります。日本は高度成長への道をまっしぐらに進みました。

## 我が国の国際収支の変化

これまで終戦後から高度成長期までの日本経済の状況について説明しました。表9-4は朝鮮戦争が勃発した1950年からの我が国の輸出額と輸入額の関係を示したものです。ここでは貿易収支は、単純に輸出額から輸入額を引いたものとして考えています。米軍による特需に

より1950年から51年にかけて輸出額は約64％増加しました。

しかし、輸出増による外貨獲得により輸入額も約112％急増し、約500億円の貿易収支の赤字となりました。日本の貿易収支は1965年から始まる「いざなぎ景気」までは赤字状態でした。この後、詳しく説明しますが、資本移動が規制されていたので貿易収支は国際収支と同義と考えられ、貿易収支の赤字状態の継続は外貨準備の不足につながるため、政府は経済成長を抑制する必要がありました。図9-3は1955年以降の高度成長期の我が国の経済成長率（実質GDPより作成）を示したものです。1958年から「岩戸景気」が始まり、経済成長率は1959年から62年にかけて11～12％でした。3年間続いた10％を超える経済成長は表9-4の1961年の貿易収支の赤字額をみると、約5670億円の赤字の拡大をもたらしたことが分かります。

このような貿易収支の赤字額の拡大は、外貨準備の不足という問題を引き起こすために、政府は62年に景気を抑制す政策に転換し、この結果、経済成長率は約7.5％に低下しました。このように、国際収支の赤字という問題が発生するため、景気を引き締める政策に政府が転換せざるを得ない状況を当時は**国際収支の天井**いう名称で呼んでいました。しかし、国際収支の天井問題も1965年以降は解消され、むしろ国際収支の黒字問題が日本経済の成長とともに大きな問題となっていきました。

今までは輸出と輸入のみに限定して国際収支について考えてきました。しかし、現在の国際収支表はより厳密に、しかも経済のグローバル化を反映させた内容となっています。現代の国際収支表とは財およびサービスの取引を記述した**経常収支**と金融取引を記述した**資本収支**に大別されます。

表9-4 高度成長期までの輸出と輸入の関係

(単位:1000円)

| | 輸出 | 輸入 | 貿易収支 |
|---|---|---|---|
| 1950 | 298021052 | 348195583 | －50174531 |
| 1951 | 488776775 | 737241298 | －248464523 |
| 1952 | 458243197 | 730351682 | －272108485 |
| 1953 | 458943408 | 867469443 | －408526035 |
| 1954 | 586525032 | 863785437 | －277260405 |
| 1955 | 723815976 | 889714970 | －165898994 |
| 1956 | 900229011 | 1162704360 | －262475349 |
| 1957 | 1028886636 | 1542090900 | －513204264 |
| 1958 | 1035561686 | 1091924896 | －56363210 |
| 1959 | 1244337203 | 1295816732 | －51479529 |
| 1960 | 1459633161 | 1616807363 | －157174202 |
| 1961 | 1524814578 | 2091755631 | －566941053 |
| 1962 | 1769817267 | 2029148690 | －259331423 |
| 1963 | 1962761744 | 2425081177 | －462319433 |
| 1964 | 2402348862 | 2857515493 | －455166631 |
| 1965 | 3042627204 | 2940846741 | 101780463 |
| 1966 | 3519500700 | 3428172558 | 91328142 |
| 1967 | 3758966022 | 4198711492 | －439745470 |
| 1968 | 4669798348 | 4675407477 | －5609129 |
| 1969 | 5756405162 | 5408472791 | 347932371 |
| 1970 | 6954367159 | 6797220528 | 157146631 |
| 1971 | 8392768263 | 6909956155 | 1482812108 |
| 1972 | 8806072248 | 7228978838 | 1577093410 |

(出典) 財務省「貿易統計」より筆者作成。

図 9-3　経済成長率

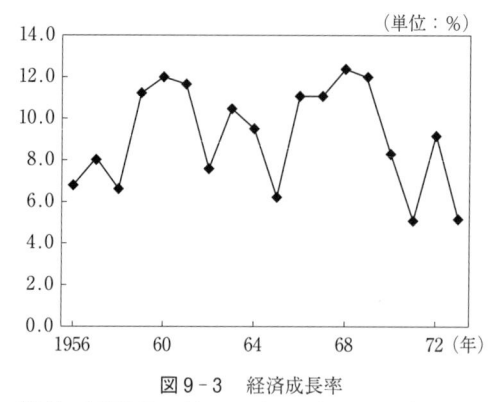

(出典)　内閣府 (http://www.esri.cao.go.jp/jp/sna/qe011-68/gdemenuj68.html) より筆者作成。

　経常収支は**貿易・サービス収支**、**所得収支**そして**経常移転収支**から構成されています。貿易・サービス収支とは、財の輸出および輸入の関係を記述した**貿易収支**および輸送、旅行、通信などのサービス貿易を記述した**サービス収支**から構成されています。所得収支は居住者・非居住者間の**雇用者報酬**の受払いおよび**投資収益**を計上したものです。経常移転収支は個人や政府の医療や食料等の無償の資金援助、国連などの国際機関への拠出金などを記述したものです。

　資本収支は居住者および非居住者間で行われた資産・負債の受払を記述したもので、主な項目は**投資収支**です。投資収支は居住者および非居住者間の金融資産および負債の取引を表した項目であり、**直接投資**、証券投資などから構成されています。国際収支の項目として経常収支と資本収支以外には**外貨準備の増減**があります。これは政府および中央銀行が保有する対外資産の増減を表す項目です。

　表9-5が示すように、1995年と2007年の経常収支を比較すると、

黒字幅が拡大しています。2002年から2007年までは経常収支の黒字幅は拡大傾向にありました。それは、1995年と2007年を比較しても分かることですが、貿易・サービス収支の黒字幅の増加が抑制されているのに対して、所得収支の黒字幅が大きく拡大しています。この所得収支の拡大が、経常収支の2007年までの黒字幅の拡大の要因です。

2008年のリーマン・ショック以降は経常収支が減少しています。それは貿易収支が赤字に転じたことが大きな要因です。さらに2007年と比べても分かりますが、2009年に入って所得収支の減少も目立ちます。この原因としては、我が国の企業の海外法人の業績悪化に伴う直接投資の収益減少、さらには円高などによる証券投資収益の減少などが考えられます。

## 為替レート

ある国の通貨と他国通貨の交換比率を**為替レート**（外国為替相場）と呼びます。為替レートは、外国為替市場における日々の外貨取引の

（重要キーワード）

◆**雇用者報酬の受払い**
　我が国に非居住の労働者への報酬の支払および、わが国に居住する労働者が海外で獲得した報酬の受取に対応しています。
◆**投資収益**
　対外金融資産および負債に伴う利子や配当金などの受取および、支払に対応します。
◆**直接投資**
　日本企業が長期間の利益を実現することを目指し、海外に企業を設立したり、工場を作るような状態です。より厳密には海外の企業の株式を10％以上取得すると、直接投資の項目に入ります。

表9-5 我が国の国際収支

(単位:10億円)

| | | | 1995年 | 2007年 | 2009年 |
|---|---|---|---|---|---|
| 経常収支 | | | 10,386 | 24,794 | 13,287 |
| | 貿易・サービス収支 | | 6,955 | 9,825 | 2,125 |
| | | 貿易収支 | 12,345 | 12,322 | 4,038 |
| | | 輸出 | 40,260 | 79,725 | 50,857 |
| | | 輸入 | 27,915 | 67,403 | 46,819 |
| | | サービス収支 | −5,390 | −2,497 | −1,913 |
| | | 受取 | 6,157 | 15,193 | 12,000 |
| | | 支払 | 11,547 | 17,690 | 13,913 |
| | 所得収支 | | 4,157 | 16,327 | 12,325 |
| | | 受取 | 18,107 | 23,487 | 16,444 |
| | | 支払 | 13,950 | 7,160 | 4,119 |
| | 経常移転収支 | | −725 | −1,358 | −1,164 |
| | | 受取 | 187 | 796 | 891 |
| | | 支払 | 913 | 2,154 | 2,055 |
| 資本収支 | | | −6,275 | −22,538 | −12,645 |
| | 投資収支 | | −6,061 | −22,065 | −12,179 |
| | | 直接投資 | −2,125 | −6,005 | −5,873 |
| | | 証券投資 | −3,077 | 8,252 | −20,505 |
| | | 金融派生商品 | … | 325 | 949 |
| | | その他の投資 | −859 | −24,636 | 13,250 |
| | その他の資本収支 | | −214 | −473 | −465 |
| 外貨準備増減 | | | −5,424 | −4,297 | −2,527 |
| 誤差脱漏 | | | 1,313 | 2,042 | 1,884 |

(出典) 総務省『日本の統計』(2011年) より筆者作成。

なかで決定されます。ただし、外国為替市場は株式の売買を扱う東京証券取引所のような具体的な市場が存在するわけではなく、ニューヨーク、ロンドン、東京においては銀行間の取引が主であるため、市場はあくまで抽象的な存在です。

　為替レートの制度としては市場メカニズムに委ねた**変動レート制**（変動為替相場制）と政府や中央銀行が政策介入することで一定の為替レートの水準を維持している**固定レート制**（固定為替相場制）があります。特殊な固定レート制としては基軸通貨であるドルと自国通貨を固定（ペッグ）する**ドルペッグ制**があります。これを採用している通貨としては、香港ドルが代表例です。

　為替レートには独特の言い回しがあります。ある国の通貨（ここでは日本の円とします）が他国の通貨（ここではドルとします）に対して1ドルが100円から80円になったケースを考えます。

　これは1ドルと交換するために今までは100円必要でしたが、80円で交換できるようになり、円がドルに対して価値が上がったことをあらわします。これを**増価**と呼びます。一般的には**円高**（ドル安）と呼ばれることが多いです。

　逆に1ドルが100円から120円になった場合は円の価値の低下を意味

（ 重要キーワード ）

◆**外貨準備**
　我が国では財務省と日本銀行が管理する対外資産です。
◆**リーマン・ショック**
　2008年9月に、米国の投資銀行であるリーマン・ブラザーズの破綻がきっかけとなり、世界的な金融危機が発生しました。その引き金となった事件を表した言葉です。

しますので、**減価**と呼び、一般的には**円安**（ドル高）と呼ばれます。固定レート制では政府や中央銀行が為替レートを政策的に変更する場合、自国通貨の価値を引き下げる場合は**切り下げ**と呼び、自国通貨の価値を引き上げる場合は**切り上げ**と呼びます。

### 固定レート制から変動レート制へ

　我が国の戦後の経済については既に説明しましたが、より広範な戦後の世界経済の秩序と協力体制を構築するため、1944年に米国のブレトン・ウッズに連合国の代表が集まり、**国際通貨基金（IMF）、国際復興開発銀行（IBRD）**の設立について話し合いがもたれました。その話し合いの中で、固定レート制の復活と自由貿易を基軸とするシステムを構築することが合意されました。**関税および貿易に関する一般協定（GATT）**を含め、国際的な経済組織を中心とする戦後体制を**ブレトン・ウッズ（IMF・GATT）体制**と呼びます。

　ブレトン・ウッズ体制では戦後の混乱した世界経済を安定化させるために、IMFが中心となって通貨の安定、貿易の振興を実現するために国際的協調が図られ、金1オンスを35米ドルとの交換を米国に保障させ、さらにドルに対し各国通貨の交換比率を定めました。これは米国のドルを中心的通貨つまり**基軸通貨**とする固定レート制であり、戦後の米国およびIMFを中心とする通貨体制の基本ともいうべき**金ドル本位制**と呼ばれるものです。この固定レート制のもとで我が国の円も1ドルが360円に固定されました。

　ブレトン・ウッズ体制において金ドル本位制を採用した背景には次のようなことがありました。戦前における金や、英国が全盛期のポンドと異なり、戦後の混乱期のなかで経済の超大国ではありますが、基

軸通貨としての歴史がまだ浅い米国のドルを基軸通貨とした場合、信認を得るのは困難であると考えられていました。そのため、米国ドルを金と固定レートで交換可能な状況を作ることで、基軸通貨としての信認を得ようにしたものでした。

　米国の圧倒的な経済力によりドルの信認は高まり、冷戦という政治的な問題もさらにドルの信認を高めることになりました。米国は1960年代までは経常収支が黒字であったために、資本収支は赤字であり、この結果、資本の流失を通じて世界にドルの供給がなされていました。このようなメカニズムのため、1950年代までは「ドル不足」という問題が続いていました。このドル不足は外貨準備の不足というかたちで、各国政府にとって深刻な問題となっており、貿易の制限や資本取引を制限するなど戦後の復興にマイナスの影響を与えていました。このため、米国政府は「マーシャル・プラン」を実施してヨーロッパに実質的に贈与というかたちでドルを供給しました。ヨーロッパの国々は供給されたドルをもとに工業製品を生産するための原料等を購入し、生産の拡大さらに輸出へと繋げていきました。

　一方、日本に対して米国はガリオア（占領地域救済政府基金）、エロア（占領地域経済復興基金）と呼ばれる基金を通じて救済・復興支援を与え、1946年から両基金を通じて合計18億ドルが供与されました。こ

---

(重要キーワード)

**◆国際復興開発銀行（IBRD）**
　戦後ヨーロッパの復興を資金的に援助するために設立され、その業務は長期融資が中心となっていました。当初対象としていた国々が復興した後は開発途上国が融資対象の中心となり、開発資金が援助されています。現在は世界銀行と呼ばれています。

れは外務省の資料によると現在の貨幣価値では約12兆円に相当し、その内13億ドルは無償贈与でした。我が国もこのようなかたちでドル不足に対して米国からの贈与を受け、これをもとに工業生産を実現するためのインフラ整備などを行いました。

　戦後の復興が進み、ヨーロッパの国々や日本の経済発展が米国の圧倒的な経済力を前提とした金ドル本位制に陰りをもたらします。各国は基軸通貨であるドルを外貨準備として保有するにつれ、各国の保有するドルは米国の金保有量を上回るような状況が発生し、米国が金兌換を実施できなくなるではないかという危惧が発生しました。このような状況に対して米国政府が取り得る政策は、金とドルの交換比率を変更する、つまり金に対してドルの価格を引き上げる上げる政策か、あるいは金兌換の停止をとらざるを得ず、これがドル売りの投機を促す要因となりました。

　金ドル本位制は米国のマクロ経済政策を制約する要因となっていました。国内の景気対策を実施するにしても、金兌換を保障するために抑制的な経済政策を実施せざるを得ませんでした。このことは、上記のような制約の要因を取り払う、つまり金兌換を停止すれば自由な経済政策を実施でき、しかも国際収支が赤字になっても基軸通貨であるドルを無制限に供給できれば問題は生じないことを意味しました。

　このような金ドル兌換性の問題点が存在するなかで、1969年に米国大統領に就任したリチャード・ニクソンは米国の景気悪化を食い止めようと財政政策を実施し、雇用改善を実現することを考えましたが、金ドル本位制の下での実施は困難となっていました。このため、ニクソンは1971年8月15日に歳出削減と減税、雇用促進政策ととともに金とドルの兌換停止と10％の輸入課徴金の導入を発表しました。これが

いわゆる**ニクソン・ショック**です。1971年12月に各国の蔵相会議が開かれ、ここでドルと金との交換比率を1オンス35ドルから38ドルに引き上げ、ドルと各国通貨間の為替レートも変更されました。我が国の円はレート改定会議の順番が最後のため、ほとんど時間が用意されず、1ドル360円から308円へ、16.88パーセント切り上げられました（スミソニアン協定）。日本をはじめ主要国は一時的に固定レート制に復帰しましたが、米国の貿易収支の赤字拡大と固定レート制への信頼性が低下するなかで、1973年に変動レート制へと移行しました。

### プラザ合意と円高不況

1981年に米国大統領に就任したロナルド・レーガンは、物価上昇と景気悪化が併存する**スタグフレーション**の状態にあった米国経済の状況を改善するため、減税政策を実施することによる景気回復と高金利政策による物価上昇の抑制を目指したいわゆる**レーガノミックス**を実施しました。この結果、米国はドル高状態となり、そこで**先進5ヶ国蔵相・中央銀行総裁会議（G5）**が、1985年9月22日にニューヨークのプラザホテルで開催され、ドル高を是正するために各国が協力して為替市場に介入しました。このような加入を**協調介入**と呼び、これをきっかけにしてドル高は短期間で解消されました（図9-4参照）。

1985年9月時点で我が国の円はドルに対して235円から236円台で推移していましたが、**プラザ合意**後、1ヶ月で210円台までに円高ドル安が進み、1年後には150円台にまで急激な円高が進みました。このような円高の進行により、当時**円高不況**が発生するとして危惧された結果、政府および日本銀行は**低金利政策**を継続実施しました。この低金利政策の継続は株価の高騰さらに地価の高騰へとつながり、いわゆ

(単位：円／ドル)

**図 9-4　円・ドル為替レートの推移**
(出典)　日本銀行「主要時系列統計データ」(http://www.stat-search.boj.or.jp/ssi/mtshtml/m.html) より筆者作成。

る80年代後半から90年代初頭までの**バブル景気**をもたらす要因となったといわれています。

**我が国の金融危機とアジアの通貨危機**

　プラザ合意後の急激な円高の進行は、当時大きな問題となっていた我が国の**経常収支の黒字問題**を解消するために有効でした。このため経常収支の黒字問題解消という対外均衡を実現する目的で金融政策を割り当てたために長期的な金融緩和政策が継続されました。

　しかし、1989年になると株価や地価の上昇だけでなく、物価が上昇する気配をみせたために当時の日銀総裁であった三重野康晴氏は金融引き締め政策に転じました。具体的には1989年5月に公定歩合を引き上げ、同年中に3回の引き上げを実施し、さらに1990年に入っても2回の引き上げを行うという異例の短期間の急激な金融引き締めが行われました。この結果、日経平均株価は1989年の12月29日に最高値38,915円87銭を付けましたが、1990年の1月4日に202円下落し、10月には2万円を割りました。地価については1991年以降大幅下落に転

じました。

　バブル経済の崩壊とその後の不況の長期化のなかで銀行はその融資先の企業の業績悪化により返済が滞る事態に直面し、不良債権問題が銀行のなかで大きな問題となりました。そこで銀行は不良債権化しないために正常債権としてみせかけたり、返済が滞る事態を避けるために「追い貸し」を行って返済が行われているように偽装しました。このような銀行の行動に対して海外投資家からの日本の金融機関に対する不信と批判が高まり、政府も方針を転換せざるを得なくなりました。当初は大手金融機関を破綻させない方針でしたが、当時の大蔵省は不良債権の査定を厳しく行うようになり、1995年以降金融機関の破綻が始まりました。そして、1997年11月の三洋證券、北海道拓殖銀行、山一證券の破綻以降、1998年にかけて大手金融機関である日本長期信用銀行、日本債券信用銀行などの破綻が相次ぎました。このような大手金融機関が破綻するなかで我が国は未曾有の金融危機に直面しました。

　具体的には、我が国の金融機関が海外の金融市場から資金を調達する場合、他国の金融機関よりも高い金利で調達しなければならい状態が発生しました。これは**ジャパンプレミアム**と呼ばれ、大手金融機関が破綻するなかで我が国の金融機関対する信用力が低下したことが原因でした。

### 重要キーワード

◆ジャパンプレミアム
　わが国の銀行に対する信頼が失なわれつつあった1997年の秋から98年の秋にかけて、わが国の金融機関が海外市場より資金を調達する際に、他国の同程度の金融機関よりも高い金利が設定されました。その上乗せされた金利をさしています。

我が国の金融危機とは別に、アジアでも1997年7月にタイを中心に始まり、その後、アジアの国々を襲った急激な通貨の暴落を**アジア通貨危機**と呼びます。その後この通貨危機はアジアだけでなく、ロシアや中南米の国々にも波及しました。

　アジアの通貨危機の背景にはこういったことがあります。タイはこの危機以前においては、ドルに対して固定レート制（ドルペッグ制）を採用していました。90年代、先進諸国は景気低迷下にあり、金利を低く設定していましたが、タイは金利を高めに設定していました。また、ドルに対して固定レート制を採用していたので為替のリスクがなく、しかも高い金利で資金を運用できるため、タイに海外の資金が流入しました。タイ政府は外国資本の流入を促進することで、その資本をもとに輸出産業の振興策をとり、輸出の拡大を通じて経済成長を促進しようと考えていました。このような外資の導入による経済成長はタイだけでなくアジア各国の経済成長に共通すると特徴でした。しかし、1992年に中国が改革開放政策に転じると、タイよりも人件費が安い中国へと外国資本が移動し始めたため、96年にはタイの経済成長は鈍化し、貿易収支が赤字に転落しました。90年代半ばよりドル高が進むなかでドルに対して固定レート制を採用しているタイの通貨は必然的に高くなり、輸出振興による経済成長を促進するという成長モデルに対して海外の投資家は疑念を持つようになりました。

　タイの通貨が高すぎると考えた投機的な海外投資家は1997年5月にタイ通貨に対して売りを浴びせました。これをきっかけに暴落が始まり、7月にタイ政府はドル固定レート制を止め、変動レート制を採用することを決め、同時に国際通貨基金に資金援助を求めました。

**海外投資**

　国際収支のなかで海外へのあるいは海外からの投資に伴う取引の状態についてはすでに説明しましたが、このような海外との投資全般を海外投資と呼びます。

　海外投資は**資本移動**という言葉で経済学では語られることが多いのですが、具体的には日本から海外へ資金が移動すること、例えば外国の資産（国債、株式など）購入することを**資本流出**と呼びます。逆に海外から日本に資金が移動すること、例えば外国が日本の資産を購入することを**資本流入**と呼びます。資本移動に関連して金融資産への投資を特に間接投資と呼ぶことがあります。この言葉は最近あまり使われていません。高校の教科書では重要な用語として強調されていますが、それは資金が世界を駆け巡る現代とは異なる過去の時代の言葉です。アジアの通貨危機で説明したように、現在は「資金（マネー）」は世界を駆け巡っています。例えば、上場企業の株式の売買を行う証券取引所のなかで東京証券取引所、ロンドン証券取引所、ニューヨーク証券取引所はかつて世界の三大証券取引所と呼ばれましたが、各市場は連関しており、各国の市場をめがけてマネーが移動しています。東京証券取引所は日本時間の9時から15時まで取引が行われますが、東京証券取引所が閉まると、日本時間の17時（現地時間の午前8時）からロンドン証券取引所が始まり、マネーはロンドン市場を目指します。ロンドン市場が開いている最中の日本時間の23時30分（現地時間の午前9時半、米国の夏時間では日本時間は22時半）からニューヨーク証券取引所は取引を開始します。このように三大証券取引所だけでなく、世界中の株式市場をはじめとして様々な金融市場が24時間眠らずに開いており、その市場に投資収益のチャンスがあるとみるなら、マネーが流れてい

き、また見込みのない市場からマネーは出ていきます。

　日本企業の海外進出の話を皆さんもニュースのなかだけでなく、身近な人が海外赴任をするのをみかけたりすることで日本企業の海外進出を身近なもとして感じることでしょう。

　また、皆さんの身の回りのものをみていただくと、海外企業が日本で財やサービスを生産しているケースが多いことが分かります。例えばコンピューターの OS は多くの方はマイクロソフト社の Windows を使っていますが、マイクロソフト社も日本に進出し、サービスを提供しています。Google も日本に進出してサービスを提供しています。このように日本企業が海外へ進出したり、海外企業が日本へ進出したりするような投資を**直接投資**と呼びます。また、日本企業が海外へ進出することを**対外直接投資**と呼び、海外の企業が日本へ進出することを**対内直接投資**と呼びます。

### 直接投資と企業の多国籍化

　直接投資の公式の定義の一つとしては、国際通貨基金（IMF）の国際収支統計における定義があり、それは「永続的権益の取得を目的とする国際投資」として定義されています。国により定義は異なるので漠然とした理解でよいでしょう。

　海外直接投資の進出形態としては、工場建設など新たに投資先の国に企業を設立する形態を**グリーフィールド投資**（greenfield investment）と呼びます。また、投資先の国の企業の株式の取得を通じて提携関係を結んだり、投資先の国の既存企業を買収するようなタイプを **M&A**（**合併と買収**）といいます。昨今の海外進出の形態は M&A タイプが増えており、しかも日本企業の海外進出において現地企業との**合弁事業**

タイプが増えています。

　日本企業の海外進出の歴史は戦後以降でみるならば、1946年に設立されたSONYは1955年にトランジスタラジオを生産し、米国への輸出を開始、1960年には米国の現地法人を設立しています。ホンダは1947年に二輪車（バイク）の生産を始め、1952年に輸出を開始、1963年にはベルギーで二輪車の海外生産を始めました。戦後の我が国を代表する企業は大企業とはいえない段階から積極的に海外進出を試みていました。SONYやホンダはその後も様々な国々に海外展開を拡大し、**多国籍化**を推し進めてきました。このような企業を**多国籍企業**と呼びます。

　現在の我が国の海外直接投資の状況は図9－5の地域別および国別の直接投資残高にあらわれています。2011年における世界全体への我が国の直接投資残高は約9600億ドルの規模です。その内訳としてアジア圏への直接投資は、2000年代に入ると中国への直接投資が増大した

---

（理解を深めよう）

◆なぜM&Aが増えているのか？
　海外直接投資の中でM&A（merger and acquisition）タイプが増大している理由はいくつか考えられますが、新たに企業を設立するよりも既存の企業を有効に活用できることで効率的に外国市場に進出できるからです。例：2014年1月にサントリーは「ジムビーム」などの世界的ブランドをもつ米国のビーム社を160億ドル（約1兆6500億円）で買収すると発表しました。

---

（重要キーワード）

◆合弁事業
　異なる企業や国家同士が共同で事業を行うことです。

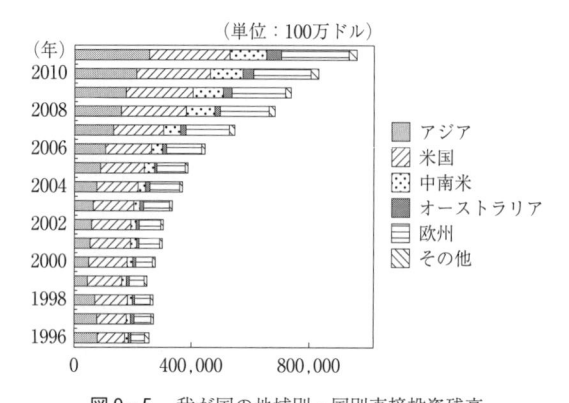

図 9-5　我が国の地域別・国別直接投資残高
（出典）　JETROホームページ「日本の直接投資」(http://www.jetro.go.jp/world/japan/stats/fdi/) より筆者作成。

ため、毎年変動はありますが、毎年20％を超える増加率を実現しています。これは中国が世界の工場といわれるなかで日本企業も安価な労働力を求めて進出した状況を示すと同時に、ここ数年は巨大な消費市場として注目されており、製造業ばかりでなくイオンやセブン＆アイ・ホールディングスに代表される大手スーパーも中国へ進出しています。また、ここ数年はタイへの直接投資も増大しています。

　欧州への我が国の直接投資残高では、オランダへの投資残高が第1位で、それに次ぐのが英国です。欧州全体の2011年の直接投資残高は約2300億ドルで、米国の約2750億ドル、アジア圏の約2580億ドルに次いで第三位の規模です。

**地域貿易協定**

　我が国の海外直接投資ともかかわる世界経済の重要な動向は、1990年代以降拡大している**地域貿易協定**です。地域貿易協定とは特定の国

家間おいて協定を結ぶことで自由貿易を実現し、協定外の国に対しては貿易を自由化せず、関税などを課す差別的な協定です。地域貿易協定のなかで主要なもとしては協定外の国に対して共通の関税を課すような協定を**関税同盟**（Customs Union）と呼び、協定外の国に対しては協定内の国々が独自に関税を課すような協定を**自由貿易協定**（Free Trade Agreement：FTA）と呼びます。

戦後の貿易体制はGATTを中心に展開してきましたが、地域貿易協定が注目されるようになったのは1994年に発効された**北米自由貿易協定**（North American Free Trade Agreement：NAFTA）からです。これはカナダ、メキシコ、米国間で北米における自由貿易圏を形成するための自由貿易協定です。

一方、1967年に誕生した**欧州共同体**（EC）が、1973年に英国が加入することでより拡大し、1992年に**欧州連合条約**（マーストリヒト条約）が調印され、翌年**欧州連合**（EU）が誕生しました。欧州連合条約では外交、安全保障、司法に関しての規定に加え、通貨統合に関する項目が織り込まれました。具体的には1998年に欧州中央銀行が創設され、翌年単一通貨である**ユーロ**が誕生しました。

現在、我が国がその参加で問題となっているのが**環太平洋戦略的経済連携協定**（Trans-Pacific Strategic Economic Partnership Agreement：TPP）です。TPPは自由貿易協定を基礎として関税ばかりでなく、経済自由化を目的として様々な諸制度の調和を図り、サービスや投資の拡大を目指した多角的な**経済連携協定**（EPA）となっています。TPPは2005年にシンガポール、ブルネイ、チリ、ニュージーランドの4ヶ国間で誕生し、2010年に米国が交渉に参加することで注目されるようになりました。我が国も2013年の段階でTPP交渉に参加する方向を

表明しましたが、国内の農業団体や医師会の反対があり、今後の動向は不透明です。

　このほかにも世界の国々の間で地域貿易協定が活発に進められています。例えば、韓国はTPPの参加を止め、米国との間で**米韓自由貿易協定**を結び、2012年にこの協定が発効しました。この効果は早速現れ、韓国の聯合ニュースによると、「韓国に対する1〜9月の海外直接投資（FDI）の申告額は111億9900万ドル（約8800億円）と発表した。前年同期に比べ47.7％増え、1〜9月累計では過去最大を記録した。内訳をみると、日本からの投資（以下、申告額ベース）が全体の29.5％、中華圏（中国、台湾、香港、シンガポール、マレーシア）が24.7％、欧州連合（EU）が19.1％、米国が16.7％を占めた。中華圏からの投資が前年同期比145.9％、日本が130.6％増加した半面、EUからの投資は26.6％減少した」（『聯合ニュース』2012年10月4日付）となっており、自由貿易協定の結果、韓国への直接投資が増大していることが理解されます。つまり、地域貿易協定は単に国家間の貿易を促進するだけでなく、外国からの直接投資を呼び込むことになります。

# 終 章　大学で学ぶ新しい経済学

The time to buy is when there's blood in the streets (バロン・ロスチャイルド).

　イギリスの銀行家で有名なロスチャイルドファミリーの一人であるバロン・ロスチャイルドの言葉です。町の様々な通りが血に染まるというのは物騒な表現ですが、実は経済状況が非常に悪い状態をあらわしています。相場は逆張りともいわれ、人が売るときに買い、人が買うときには売るのが成功する投資手段ともいわれています。まさに戦略的な名言です。

**新しい経済学を学ぶ意義**

　皆さんは大学で初めて経済学を学びます。したがって、すべてが新しい内容ですが、本章が取り扱う「新しい経済学」は昔の経済学の教科書では取り扱われていないテーマです。詳しい内容は大学入学後にミクロ経済学などで学ぶことになりますが、ここではそのイントロを紹介すると同時に、序章でもふれましたが、経済学をなぜ学ばなければならないかを改めて考えることで本書のまとめとしたいと思います。

　序章において、最近の経済学とは何かというと「**インセンティブのメカニズムを研究するものである**」という考え方が重要視されている

ことを紹介しました。インセンティブメカニズムを理解するためには、ゲーム理論を学ぶことが必要です。本章ではゲーム理論のイントロ部分を紹介します。

**身近な世界とゲーム理論**

完全競争下において、企業は市場で決定された価格を所与として行動し、独占企業も自らの生産量の決定を通じて価格設定しているので、単純に自己の利潤を最大化するように行動していると考えることができます。しかし、第3章で紹介した寡占市場の企業は、自らの生産量および価格を設定するときには、産業内に存在するほかの企業の行動を考慮して決定しなければなりません。しかも、その意思決定がほかの企業の行動にどのような影響を与えるかも考慮して決定しなければなりません。このように寡占市場下の企業行動はほかの企業の行動を考慮しなければならず、この問題を考えるための道具としてゲーム理論が必要となります。

寡占市場ばかりでなく、我々の身近な世界では周りを注視しなければならない状況は多数存在します。親と子どもの関係を考えてみましょう。第5章において親世代が子どもに財産を残すということから子ども世代への増税の影響がないという話をしました。これは親が子どもの幸せを考えた行為です（**利他的な行為**と呼びます）。

しかし、一般的には子どもは親のことを考えず、自分の利益だけを考えます（**利己的な行為**と呼びます）。つまり親子関係もお互いの目的が異なる状況があり、親は子どもの利益を考えながら行動しつつも、子どもに親のことを考えてもらうよう（例えば、老後は親の面倒をみる）に仕向けることを考え、そのように行動することになります。親子関

係においても寡占市場の企業行動と同じように、意思決定において相互の依存関係を読み取ることができます。このような様々な主体がその意思決定を行ううえで、相互依存関係を考慮に入れて分析するための道具として、ゲーム理論が必要となります。

　国際問題を考えた場合、日本はアジアのある国の挑発的な行為への対応に苦慮しています。その国の行為は交渉相手国の譲歩を引き出すために外交的に緊張関係を高める外交手法である「瀬戸際外交」として報道されていますが、その国がなぜ挑発的な行為を繰り返し行うかはその国の行為に対して、日本を含めた関係当事国の行動を考慮に入れて実施されていると考えるべきです。当然のことながら日本もその国に対して行動をする場合、その国の反応を予想しながら行うべきです。つまり、外交問題もまさに関係当事国間の意思決定の相互依存関係にあるため、ゲーム理論の対象となります。

　スポーツの世界を考えてみましょう。150キロ以上の速球投手は打者に対して常に速球で勝負することがよいでしょうか。2013年に楽天が優勝を決めた試合において、エースの田中将大投手が登板し、最後は速球だけで勝負しました。本来は高速スライダーやツーシームなどの変化球を混ぜて投球するはずですし、打者も速球のみというのであるなら対応できたかもしれませんが、優勝決定直前のあの雰囲気のなかではどうにもならなかったのでしょう。

　通常の状態であるならば、速球だけと読み込むことができれば一流のプロ野球の選手であれば、打ち込むことができます。したがって速球主体の投手は打者を打ち取る決め球は意外に変化球が多いといわれます。

　投手と打者の駆け引きもゲーム理論の対象です。例えば、打者は前

の打席である変化球で打ち取られると次の打席ではその変化球を待っています。投手は前の打席でその変化球で討ち取ったので、その変化球に対応できないと読んで同じ球で勝負してきます。それを逆手にとって打者は待っているわけです。

　スポーツ繋がりで柔道を考えてみましょう。その昔、美空ひばりさんの歌で『柔』という名曲がありました。この歌のなかで「勝つと思うな、思えば負けよ」という歌詞があります（日本音楽著作権協会（出）許諾第1411761-401号）。これは自分の得意の決め技が決まりかけ、勝利を意識した瞬間に返し技で負けることを歌ったものでしょう。これも得意技にこそ相手はそれを予め読み込んで対抗手段を考えていることをあらわしています。まさにこれも駆け引きの世界であり、技をかける意思決定において相互依存関係にあることを示したものであり、ゲーム理論の対象です。

　例を挙げればきりがありません。そこでゲーム理論とは何かをまず説明しましょう。

## 戦略型ゲームとナッシュ均衡

　フォン・ノイマンとトーマス・モルゲンシュテルンによる『ゲームの理論と経済行動』という著書がきっかけとなってゲーム理論の研究が発展してきました。**ゲーム理論**は合理的に行動する個人が相互依存関係にあるなかでどのような意思決定を行うのかを考えるものです。

　そしてゲーム理論は大きく分けて**非協力ゲーム**と**協力ゲーム**に分けられます。協力ゲームは他者との強制的な合意に基づいて協力することを合意した集団の、合理的な意思決定について考えています。それに対して非協力ゲームは強制的な合意がなく、個々の主体が自らの個

表10-1 囚人のジレンマ

|   |    | B | |
|---|---|---|---|
|   |    | 黙秘 | 自白 |
| A | 黙秘 | -2、-2 | -25、0 |
|   | 自白 | 0、-25 | -10、-10 |

人主義的な利益に基づいて意思決定することを考えています。ここで取り扱うゲーム理論はこの非協力ゲームです。そして今日のゲーム理論の基礎を作ったのは何といってもジョン・ナッシュです。天才といわれたナッシュの人生は数奇な運命にもてあそばれた人生でしたが、1994年ノーベル経済学賞を受賞することでやっと報われることになりました。ナッシュの人生に興味のある方はシルビィア・ナサー『ビューティフル・マインド』（塩川優訳、新潮社、2002年）を参照ください。

本章ではゲームの理論のうち、理論的な展開において中心となっている非協力ゲームの入門的な内容についてのみ紹介します。

非協力ゲームの記述方法としては**戦略型**（標準型）と**展開型**の二つを用います。戦略型ゲームを定義するためには以下の要素が必要です。

①ゲームを行う主体：**プレイヤー**
②各プレイヤーが選択しうる行動：**戦略**
③プレイヤーが選択する戦略の組み合わせの結果、それぞれのプレイヤーが獲得する結果：**利得**（ペイオフ）

以上の①、②、③の三つが与えられるもとで、戦略型ゲームが定義されます。

戦略型ゲームを具体例で考えてみましょう。表10-1においてすで

に説明したように、戦略型ゲームを定義するためにはまずプレイヤーを定義しなければなりません。

プレイヤーは囚人AとBであり、彼らはある重大な犯罪の容疑者として留置所に拘置されています。司法当局は自白を促すために容疑者Aに対して「もし、お前が黙っていてBが自白したならばお前の刑期は25年となるが、Bは無罪放免（つまり刑期はゼロ）になる。それに対して、お前が自白してBが黙秘したなら、お前は無罪放免でBは25年の刑期となる。お前もBも黙秘したなら、証拠が不十分なので別件の事件での刑期2年が2人に科されることになる。また、2人とも自白したら、刑期は10年だぞ」と語りました。同様のことはBに対しても伝えられました。A, Bは互いにコミュニケーションすることはできません。

この司法当局からの情報に対して、プレイヤーA, Bが悩みに悩んでとった戦略は（自白, 自白）となります。A, Bのとる戦略のもとでの利得は表10-1の通りです。刑期は各プレイヤーにとってマイナスで表示しています。各利得の左側がプレイヤーAの利得をあらわし、右側がプレイヤーBの利得をあらわします。

この戦略型ゲームは**同時手番ゲーム**と呼ばれますが、このゲームの**均衡戦略**はどのように考えたらよいのでしょうか。その前提条件となるのはプレイヤーが合理的に行動することです。この合理性は一般的な意味での合理性とはやや異なります。プレイヤーはゲームの全体の構造を理解し、それを前提として相手プレイヤーがどのような行動（戦略）をとるのかを予想し、そのもとで自分の利得が最大化するように行動（戦略）をとることをここでいうところの**合理性**と呼びます。

このゲームの均衡戦略の探し方として、**最適反応**を考え、ナッシュ

均衡を求める方法を考えます。まず、プレイヤーBの戦略が黙秘であるとき、Aはどのような戦略をとることが望ましいでしょうか。利得を比較するなら、黙秘を選択すると－2であり、自白を選択すると0であるので、Aにとって自白という戦略が望ましいことになります。つまり、プレイヤーBの黙秘という戦略に対するAの最適な反応は自白という戦略です。次にBが自白を選んでいるときはどうでしょうか。これも利得を比較することによりやはりAにとって最適なのは自白になります。

さて、今度はAの戦略を所与としたときのBの最適反応を考えます。まず、Aが黙秘を選択するとき、Bはどのような戦略を選択するのが望ましいでしょうか。すでにAのケースについて説明したのと同様であり、Bにとっての最適反応は自白になります。一方、Aが自白を選択した場合、このケースもBにとっての最適反応は自白になります。

以上のことからわかるように最適反応とは、ほかのプレイヤーの戦略が与えられているとき、自己の利得を最大化することです。そしてすべてのプレイヤーが最適反応を選んでいるとき、その状態がナッシュ均衡となります。表10－1のケースではA、Bの最適反応が重なっているのは（自白、自白）のケースであり、これがナッシュ均衡を実

( 重要キーワード )

**◆同時手番ゲーム**
　両プレイヤーが同時に自分の戦略を提示し、相手の戦略がわからないもとで意思決定を行います。身近な例ではジャンケンが当てはまります。**均衡戦略**とはゲームの解であり、両プレイヤーが自分の戦略を変えるインセンティブのない状態です。

現する均衡戦略となります。ナッシュ均衡とはほかのプレイヤーが戦略を変えないもとで、自己の戦略を変える動機が存在しない状態です。そこで、(自白、自白)という最適反応の組み合わせがナッシュ均衡であることを確認しましょう。

AはBが自白という戦略を変えないもとで、自分が黙秘に戦略を変更すると、利得は−25になるので、Aは自白の戦略を変える動機はありません。BもAが自白という戦略を変えないもとで自己の戦略を黙秘に変えた場合、−25になりますからやはりBも自白という戦略から動きません。以上から(自白、自白)という最適反応の組み合わせはナッシュ均衡であることがわかります。

次に、このナッシュ均衡の特徴を考えてみましょう。表10−1において両プレイヤーにとって明らかに(黙秘、黙秘)という戦略が望ましいにもかかわらず、(自白、自白)がなぜ選ばれるのでしょうか。プレイヤーA、Bも互いに黙秘は望ましいと考えていますが、Aは次のように考えます。

「私は黙秘を選択するつもりだが、Bが自白を選択し場合、私の利得は−25となってしまう。それならば、Bが黙秘を選択しているならば、出し抜いて私が自白を選択した方が得ではないか」

同じことをBも考えます。この結果として(自白、自白)という両プレイヤーにとって最悪の結果がもたらされます。

このような事態が発生するのは非協力ゲームの特徴であるプレイヤーを拘束するようなルールがない状態のもとではそれぞれが自分の利益(利得)を最大化するように行動する結果です。このようにナッシ

ュ均衡は必ずしも各プレイヤーにとって望ましい状態を実現するわけではないことがわかります。この表10-1のケースは特に囚人のジレンマと呼ばれます。ここで注意することはナッシュ均衡は必ず囚人のジレンマのようなケースをもたらすわけではありません。

　囚人のジレンマと呼ばれるケースは身近に多数あります。牛丼チェーンの価格競争は最近よくみかけます。これは消費者の立場にとっては大変有り難いのですが、牛丼チェーンの各社にとっては価格競争をしない方が望ましい状態です。しかしライバルの牛丼チェーンが価格を引き下げるなかで自らが何もしなければ顧客を奪われるため、やむなく価格引き下げを行っています。

　また、クロマグロの枯渇問題がしばしばマスコミで取り上げられています。クロマグロは日本を含め各国が漁獲量を抑制すれば資源の保持が可能であり、その方が世界全体にとって望ましいのですが、日本が漁獲量を抑制するつもりでもほかの国が乱獲を行えば、日本だけが損をしてしまいます。それならば、日本も漁獲量を拡大した方が得ということになります。クロマグロの枯渇は国際的にも問題となり、やっと漁業資源の保護という観点から漁獲制限が始まりましたが、遅きに失したかもしれません。

> 考えてみよう

　牛丼チェーンの価格競争やクロマグロの枯渇問題にみられるように、身近に存在する囚人のジレンマのケースを考えてください。たとえば、第3章で取り扱った市場の失敗の一つである「公共財がなぜ市場を通じて供給されないのか」という問題も囚人のジレンマとして考えることができます。

## インセンティブとゲーム理論

ゲーム理論の応用問題を通じて、インセンティブの問題を検討します。具体的には身近な問題として年金の未納問題を考えます。

公的年金には20歳以上60歳未満の日本在住の人がすべて加入する国民年金、企業に勤務するすべての人が加入する厚生年金（厚生年金保険の適用を受けている事業者あるいは企業が対象となっており、適用外の企業や事業者もあります）、公務員や私立学校の教職員などが加入する共済年金があります。

国民年金の納付者のことを「被保険者」と呼び、上述の各年金制度の加入者ごとに「第1号被保険者」、「第2号被保険者」、「第3号被保険者」の3種類に分けることができます。厚生年金や共済年金に加入しているものは「第2号被保険者」となり、国民年金には自動的に加入しています。「第3号被保険者」は第2号被保険者の配偶者が対象です。ただし、配偶者の年間収入が130万円を超えると対象とならず、「第1号被保険者」となります。

農業などの個人事業、フリーター、無職の人や学生などが対象となっているのが「第1号被保険者」です。年金未納問題はこの「第1号被保険者」から発生しています。平成22年度の時点で「第1号被保険者」の対象者は1938万人存在し、そのなかで約330万人の人々が未納あるいは未加入の状態となっています（出典：厚生労働省年金局・日本年金機構「平成22年度における国民年金保険料の納付状況と今後の取組等について」平成23年7月13日）。前述と同様の調査によれば、国民年金保険料を納付しない理由として「保険料が高く、納付が困難」という理由が、平成20年の調査ではおよそ65％を占めています。納付状況を改善するために様々な取り組みが行われていますが、改善されないのが

表10-2 年金未納問題

|  |  | 被保険者 | |
|---|---|---|---|
|  |  | 納付 | 未納 |
| 政府 | 保護する | 5　2 | 2　4 |
|  | 保護しない | 5　2 | −1　−1 |

現状です。

　素朴な疑問として、納付しない場合、将来年金を受け取ることができず、自らの貯蓄を取り崩して生きていかなければならないのですが、果たしてそれは可能なのでしょうか。年金未納者のなかには年金を払わなくても将来、国が助けてくれるはずだから年金を納めないという人も少なからず存在することが予想されます。そこで表10-2のような戦略型ゲームを考えます。

　表10-2の縦列は政府の戦略をあらわし、被保険者が年金が未納あるいは納入のいずれの場合でも老後を保障するという「保護する」という戦略と、老後の保障はしないという「保護しない」戦略に分かれます。一方、被保険者は年金を「納付」するか「未納」かの戦略を考えます。

　ナッシュ均衡を考えるために、政府と被保険者の最適反応を考えま

> 理解を深めよう
>
> 　公的年金加入者は平成22年末時点において6836万人存在します。そのうち24ヶ月保険料を支払っていない「未納者」が約321万人、未加入者が約9万人存在し、公的年金加入対象者の約5％に相当します（出典：厚生労働省年金局・日本年金機構「平成22年度における国民年金保険料の納付状況と今後の取組等について」平成23年7月13日〔http://www.mhlw.go.jp/stf/houdou/2r9852000001ipd1-att/2r9852000001iphu.pdf〕）。

す。政府が「保護する」場合には被保険者は利得が4の「未納」が望ましく、これが最適反応となります。政府が「保護しない」場合には被保険者は利得が2の「納付」が望ましく、これが最適反応となります。

一方、被保険者が「納付」の場合、政府は「保護する」あるいは「保護しない」のいずれをとっても利得は5で同じです。被保険者が未納の場合、利得が2の「保護する」が望ましく、これが最適反応となります。以上から最適反応の組み合わせは（政府の戦略、被保険者の戦略）＝（保護しない、納付）、（保護する、未納）となり、これらがナッシュ均衡となります。

この例からもわかるように、政府が保護する場合には被保険者は保険料を納付しない方がよいことになります。未納者のなかには政府の保護を読み込んで未納を選択している人が少なからずいることが予想されます。つまり、政府の保護政策が未納問題の原因の一つと考えることができ、未納を選択する人のインセンティブとなっています。

このゲームは政府と被保険者の同時手番ゲームなので、（保護しない、納付）、（保護する、未納）のいずれが選択されるかはわかりません。ここで注目すべきことは政府が保護しない場合、被保険者は納付を選択していることです。このような選択を実現するためにはどうしたらよいのでしょうか。ゲームを変える必要があります。

**展開型ゲームと年金問題**

表10-2はすでに説明したように、政府と被保険者が同時にお互いの戦略を決定するものでした。しかし、現実を考えた場合、同時ではなく、被保険者が最初の意思決定を行い、それを受けて政府の意思決

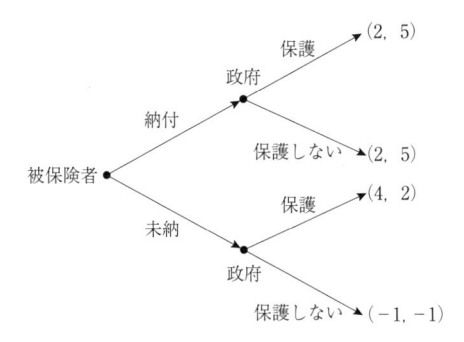

```
                    保護
              政府 ●─────→ (2, 5)
         納付 ╱      ╲
            ╱        ╲ 保護しない
           ╱          ─────→ (2, 5)
被保険者 ●
           ╲          ╱ 保護
            ╲        ╱─────→ (4, 2)
         未納 ╲     ●
              政府 ╲
                    ╲ 保護しない
                     ─────→ (-1, -1)
```

図10-1　年金問題とゲームツリー

定が行われると考えた方がよいでしょう。このような時間的な流れを持ち、順番に意思決定を行うゲームを記述する方法として**展開型ゲーム**を考えます。このゲームの記述方法はゲームツリーを用いて表現します。

図10-1をみていただくとわかるようにプレイヤーの意思決定のところが●となっていますが、これを**意思決定点**（decision nodes）と呼びます。このなかで被保険者の意思決定点のことを特に**初期点**と呼びます。意思決定点から矢印が伸びていますが、これは意思決定者の選

( 理解を深めよう )------

◆展開型ゲーム

　図10-1で取り扱ったケースは非常に単純なケースですので、意思決定は2種類しかありませんが、意思決定の数が増えると枝は増えます。例えば、連続的に100から200の間のある数字をとるというような場合は枝ではなく、扇状の図を描きます。また、ここでは被保険者と政府はともにお互いの行動がみえている状態を考えていますが、あるプレイヤーの意思決定がわからないようなケースでは情報集合を考える必要があります。詳しくは大学の『ミクロ経済学』や『ゲーム理論』の講義で学んでください。

択肢をあらわし、**枝**と呼びます。例えば、政府のところをみていただくと枝が2本あり、「保護」と「保護しない」という意思決定をあらわしています。

図10‐1は被保険者が保険料を「納付」あるいは「未納」の意思決定（行動）を行い、それを受けて被保険者が「納付」の場合と「未納」の場合にそれぞれ、政府は「保護」するか「保護しない」かを決定します。最後に記述された数字は被保険者が未納を選び、政府が保護を選んだ場合、（4，2）となっていますが左側の数字4は被保険者の利得をあらわし、右側の数字2は政府の利得をあらわしています。このように初期点から始まり、最後の利得までの状態をつないだ枝のルートのことを**経路**（pass）あるいは**歴史**（history）と呼びます。このようなかたちで展開型ゲームを記述します。

次の課題は展開型ゲームにおいて、各プレイヤーがどのような意思決定を行うかを検討します。そのためには各プレイヤーの行動の「先読み」を考えます。具体的には被保険者が未納の場合、政府は「保護」するか「保護しない」かを決定しますが、政府の意思決定から考えることが「先読み」に当たります。政府の意思決定は表10‐2の戦略型ゲームで説明したように最適つまり利得が高い方を選択します。政府は被保険者が「未納」の場合、「保護しない」を選ぶと利得が−1となり、「保護」を選択すると利得は2となるので「保護」を選択します。この場合、「未納」を選択した被保険者の利得は4となります。被保険者が「納付」を選択した場合、政府は「保護」、「保護しない」のいずれを選択しても同じ利得の5となり、政府はいずれの政策も採りうることとなります。したがって、被保険者の利得は2となります。

最後に被保険者の選択を考えます。被保険者にとって「納付」を選択した場合、政府は「保護」、「保護しない」のいずれの政策も採りうることとなり、被保険者の利得は2となります。一方、被保険者が「未納」を選択した場合、すでに説明したように政府は「保護」を選択し、被保険者の利得は4となります。そこで被保険者は利得4の「未納」が最適なつまり利得が高い選択となります。

　以上よりこの展開型ゲームの均衡戦略は被保険者が「未納」、政府が「保護する」となります。これは未納問題の原因としてすでに説明したように被保険者が政府の「保護」の選択を予め読み込んで「未納」を選択していることを示しています。被保険者の戦略的な意思決定の一環ということになります。


### コミットメントと年金問題

　未納問題を解決する方法はないのでしょうか。現実にはなかなか難しく、前述の「平成22年度における国民年金保険料の納付状況と今後の取組等について」において取り組みが紹介されていますが、十分な成果が挙げられていないようです。ここでは**コミットメント**という概念から年金問題を考えてみます。

---

**重要キーワード**

◆コミットメント
　ゲーム理論におけるコミットメントはゲームのプレイヤーが自らの行動を制約するための行為をあらわします。例えば個人や企業などの民間の主体であるならば契約などが考えられ、政府であるならば法律などが考えられます。契約や法律はその主体の行動を制約する側面があり、結果としてゲームにおけるプレイヤーのコミットメントとしての役割をもっていると考えられます。

図10-1の年金問題のゲームで、政府のコミットメントを考えます。具体的には政府は年金問題に対して年金の納付あるいは未納にかかわりなく、「保護しない」ということを法律で定めます。このような法律によって政府は自らの行動を拘束することとなり、被保険者の「先読み」は異なってきます。「未納」の場合でも、政府は自動的に「保護しない」を選ぶので被保険者の利得は－1となります。「納付」の場合も「保護しない」を政府が選ぶので利得は2となり、被保険者は「納付」を選ぶことが最適となります。

　政府はこのようなコミットメントを行うことで、被保険者に保険料を納付させ、未納問題を解決できる可能性があります。

　コミットメントは自らの戦略を拘束するので不利なイメージがありますが、ほかのプレイヤーに対して譲歩あるいは自分にとって有利な状況を作ることが可能な方法です。

　コミットメントという概念は身近な存在です。例えば、親御さんから大学受験に際し、「背水の陣」で望みなさいといわれたことがあるでしょう。この言葉のコミットメントという視点で考えてみましょう。

　漢の名将・韓信は大軍と戦ったときに、川を背に陣形をとり、漢軍が撤退できない状況を作りました。それは漢軍の兵士に対して逃げられない状況を作るだけでなく、韓信自身が逃げないことをコミットメントしたことを実はあらわしており、これにより大将が逃げないということがわかり、漢軍の兵士は死にものぐるいで戦い、勝利を収めることができました。

　別の例を挙げてみましょう。「徹底対抗　他店よりも高い場合は必ず値引きします」などと書かれたある大手家電量販店のチラシが新聞折り込みに入っていましたが、ライバル店よりも高い場合は必ず値引

きをするということをチラシで表明することでコミットメントしていることになります。一見値下げ競争を促しているようにみえますが、逆にいえばライバルが価格を下げないなら我々も価格を下げないことを意味しています。ライバル店とある大手家電の展開型ゲームを考えるならば、このコミットメントによりライバル店は価格を下げない、そしてある大手家電販売店も価格を下げないことが均衡戦略となります（展開型ゲームを用いて考えてみてください）。

### インセンティブ

インセンティブとは何かということすでに説明し、ゲーム理論のところで紹介しました。ここではインセンティブをより詳細に検討してみましょう。

インセンティブは大きく分けると3種類に分けることができます。第一には、第7章でも紹介しましたが、人がなぜ働くのかというと賃金を得ているから働くのですが、この賃金もインセンティブです。あるいは第1章の市場において右下がりの需要曲線を考えましたが、需要者にとって価格が下落すれば需要量を拡大するのは価格が需要を拡大するためのインセンティブとなっているからです。このような賃金や価格などのインセンティブを**金銭的インセンティブ**と呼びます。

ゲーム理論のなかで紹介したコミットメントの話題のなかで、政府が被保険者を保護しないことをコミットするために法律を作る話をしました。このような法律や制度などを**社会的インセンティブ**と呼びます。人が罪を犯さない理由の一つは捕まると法によって裁かれるからです。これが犯罪の抑止につながります。

もっと身近な例では皆さんは小学校、中学校、高校と遅刻をしない

ように授業に出席していたと思いますが、学校では出席がとられ、遅刻は先生より注意されるはずです。出席をとるという行為は遅刻をさせない、あるいは授業に出席させるためのインセンティブとなっています。一方、大学の大教室の授業では昔は出席をとるのが面倒なので先生は出席をとらないケースが多く、その結果、授業の出席者が少ない授業が多数ありました。出席をとるという制度は重要な社会的インセンティブを与えるものです。

　最後のインセンティブとは**道徳的インセンティブ**です。道徳的インセンティブはいわゆるお国柄、あるいは長年にわたる習慣や個人にかかわることですが、宗教なども関連します。日本人は一般的に礼儀正しいといわれます。一方である国の人々のマナーの悪さは海外旅行などで目立ち、日本人と対照的と言われます。日本人の礼儀正しい行動はそう仕向けるような道徳的インセンティブがあるからです。ただ、このインセンティブが最近は著しく低下しており、公共の場でのマナーの悪い人をみかけるケースが多くなっているのは残念なことです。

　これら3種類のインセンティブは、経済主体に対して社会的に望ましい方向に向かわせることが可能かというとそうではなりません。組み合わせによっては社会的に望ましくない方向性をもたらす可能性がありますし、逆に良い方向に行くこともあります。

　総務省「平成24年版　救急・救助の現況」によると、救急車の平成23年の救急車による出動件数は約571万件で、対前年比で4.5％増となり、過去最多の出動件数となっています。この結果、現場到着時間は平成23年において8.2分であり、平成13年の6.2分よりも大幅増となっています。

　皆さんのなかには「たった2分の違いでたいしたことがない」と考

えている方も多いでしょうが、「循環器病サービス」によると、例えば心筋梗塞で倒れても「心肺蘇生法」を行えば助かるチャンスが広がりますが、「心停止から蘇生を始めるまでの時間が1分以内であれば、97％蘇生に成功しますが、5分経過すると50％以下の低率」となります。つまり、2分救急車が遅れるということは心筋梗塞で約20％助かる確率が低下するということです。

このように救急車の遅れは人の命に関わる重大な問題であることを認識しなければならないのですが、救急車の到着時間の遅れの原因の一つは不適切な利用にあります。横浜市消防局（http://www.city.yokohama.lg.jp/shobo/koho/8-2koho.html）が直面した不適切な利用例として

・救急車で行くとすぐ診察してもらえるから。
・病院に来たら混んでいるので、ほかの病院に連れて行ってほしい。
・子どもを近くの病院に連れて行きたいが、夕食の準備が忙しくて手が離せない。

が紹介されています。この問題を解消するために有料化が一部検討されています。

( 考えてみよう )

2013年の7月に富士山において「登山料」を任意で徴収するという実験が期間限定で行われました。富士山は同年、世界遺産として登録されましたが、ゴミ問題などの環境問題は喫緊の課題であり、この課題に対処するために「登山料」問題が発生しました。富士山への登山者数を抑制するための適正なインセンティブを考えてください。

ある研究によると有料化は総じて賛成であることが指摘されています。有料化を行う場合、5000円が妥当という意見が多いそうですが、それを裏返していうならば、5000円を払えば、積極的に救急車を利用したいということになります。つまり、重篤な病気でなくても5000円で不適切な利用という罪を逃れるための免罪符を購入して救急車を呼ぶこととなり、今までは道徳的インセンティブで抑制されていたことが、金銭的インセンティブで相殺されることになります。救急車の出動件数を抑制するための適切な金額は、様々な調査からおおよそ2万円以上を超えると抑制効果があることが示されています。実はこの金額は米国、フランスなどでも救急車の出動を要請した場合、2万円以上を支払わなければならないので妥当な金額といえます。もちろん日本では有料化の道はかなり遠いと思われますが、インセンティブの問題として改めて考える必要があります。

### 東日本大震災

　2013年3月に未曾有の悲劇が東北地方を中心に発生しました。地震や津波により多くの方々が亡くなり、被災されました。また、その後の福島の原発問題はさらなる悲劇をもたらしました。本書の原稿は2013年の3月段階ではほぼ完成しており、すぐに出版する予定でしたが、この問題を何らかのかたちで反映することを考え、延期しました。現在も続く被災の影響を考えた場合、経済学で考える問題は多いと思われます。その一部を紹介したいと思います。

　2011年3月31日にasahi.comにおいて『なぜ女川原発は無事だった 津波の高さは福島と同程度』という記事が掲載されました。東北電力の女川原子力発電所は福島第一原発と同レベルの津波に襲われました

が、大きな被害はなく、危機的な状況に陥ることはなかった理由を検証する記事でした。その記事のなかで「女川原発の安全審査で想定した津波の高さは最大9・1メートル」であり、「想定を大きく上回ったのは、福島第一原発と同じ」であるが、被害が小さかった理由は東北電力の話として「余裕を持った造りが大きかったと考えられる」ということを述べています。この余裕という意味は「原子炉建屋の海面からの高さ」の問題で、女川原発の「主要施設の標高は14・8メートルあり、10メートル前後だった福島第一より高い」ことが挙げられています。東京電力は想定外であり、やむを得ないということをその後も述べていましたが、何らかの技術的な対応は可能であったのでは考えられます。

　しかし、なぜ行われなかったのか？　第2章で学んだように企業の目的は利潤最大化です。東京電力にとって電力需要はそれほど伸びることがない状況で収入は一定と考えるならば、利潤を拡大していくためにはコストを削減するしかないわけです。つまり、電力生産の費用と直接関わらない費用（例えば堤防の高さを大幅に引き上げるような費用）を削減しようと考えるのは利潤最大化という観点からは当然のこととなります。このように企業の費用最小化行動がインセンティブとなって主要施設の標高を低くしたと考えることもできます。事情はそれほど単純ではないかもしれませんが、この視点は重要です。

　東日本大震災の後、首都圏では電力不足から計画停電が行われ、企業も個人も大変な負担を強いられました。計画停電がなぜ行われたかは図10-2が示しているように電力供給は電力需要のピーク時点にあわせて供給されます。夏場はまさに最も電力需要が大きな季節であり、ピーク時点で図10-2が示すように約6000万kwの需要が見込まれて

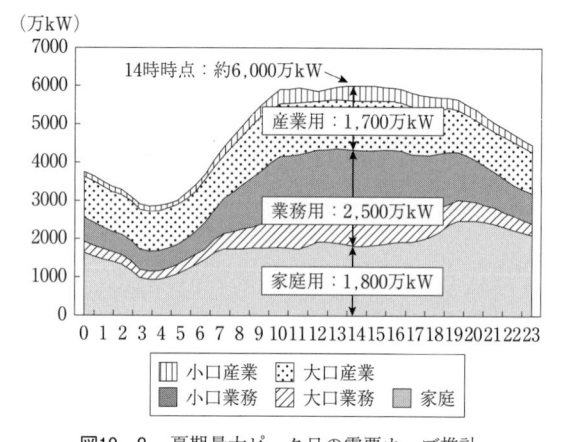

**図10-2 夏期最大ピーク日の需要カーブ推計**
(出典) 資源エネルギー庁ホームページ『夏期最大電力使用日の需要構造推計(東京電力管内)』平成23年5月 (http://www.meti.go.jp/setsuden/20110513taisaku/16.pdf)。

おり、それに供給が追いつかない場合、計画停電せざるを得ないということになります。

 しかし、図10-2をみていただくと平均では約4500万kwであり、夜中の12時から早朝7時ぐらいまではその平均を下回っています。昼間の電力需要を夜間にシフトすれば、何ら問題が発生しないことになります。

 そのようなことは可能なのでしょうか? 計画停電が行われたときに企業のなかには自ら夜間操業を行っていた企業も少なからずありました。しかしそれは国などの公的な要望に添っていたともいわれます。この発想は第8章で紹介した「革新官僚」による計画経済的な発想です。インセンティブという観点から考えるなら、ピーク時(お昼の時間帯)の電力料金を大幅に上げ、オフピーク時(夜中から早朝)の電力

料金をお幅に下げたら、どうでしょうか。個人は難しいかもしれませんが、企業は夜間労働による賃金の上昇部分を電力料金のカットで補うことができるのであれば、積極的に行ったでしょう。このような料金体系を経済学では**ピークロード・プライシング**と呼びますが、残念ながらこういうことは行われず、計画経済的な状態が続きました。

東日本大震災に伴う被害を復興させるために政府は復興庁を設立し、様々な振興策が行われています。その例の一つとして「東日本大震災復興特別区域法」が存在します。復興庁『復興特区法に基づく課税の特例の効果について』（平成25年11月）のなかの『復興特区法に基づく課税の特例の活用事例』によると、この法律に基づき、復興特区が設立され、規制緩和や法人税などの減免などの税制上の優遇措置が行われています。

例えば、「機械等を取得した場合の特別償却又は税額控除」が復興特区法第37条の特例で認められているので、岩手県大船渡市で被災したある企業は「グループ補助金及び復興特区法第37条の課税の特例を活用し、平成24年7月に同市内の内陸部に新工場を移転建設」しました。設備投資は総額で17億円であり、新たに7人の雇用が実現されたことが報告されています。

復興事業においても税制面などでの優遇措置が投資のインセンティブを促していることになります。しかし被害を受けられた方々はなかなか遅々として進まない復興事業に苛立ちを感じている方も多いようです。より強力なインセンティブを与える政策が望まれます。

### アベノミクスのゆくえ

本章の最後で、2013年に安倍晋三首相が打ち出したアベノミクスに

ついて言及したいと思います。

アベノミクスは内閣府『安倍内閣の経済財政政策』によると「三本の矢」に代表されるように以下の3政策を中心としたものです。

1. 大胆な金融政策
2. 機動的な財政政策
3. 民間投資を喚起する成長戦略

「大胆な金融政策」は積極的な金融緩和政策を主張していた黒田東彦氏を日本銀行総裁に就任させ、副総裁には元上智大学教授、元学習院大学教授の岩田規久男氏を就任させることで、市場に対して金融緩和を行うことを約束したコミットメントと考えることができました。岩田規久男氏や浜田宏一氏（東京大学名誉教授、イェール大学名誉教授）のグループはしばしば「リフレ派」と呼ばれ、おおよそ2％ぐらいのインフレを引き起こすような金融緩和政策を主張するグループです。その理論的な中心にいたのが故岡田靖（元内閣府経済社会総合研究所主任研究官）でした。岡田氏なくして大胆な金融緩和政策という話はなかったかもしれません。

さらに日銀の黒田総裁によるその後の政策もデフレの脱却と持続的経済成長を促すために、市場を驚かすものでした。結果として2013年は**日経平均株価**を大幅に上昇させることができました。

「三本の矢」の一つである「機動的な財政政策」は国土強靱化という名の下で旧来型の公共事業を拡大するというものです。最後に「民間投資を喚起する成長戦略」は規制緩和と経済特区の設置という旧来からいわれているものであり、成長戦略が重要な鍵となっていますが

あまり特徴はありません。

アベノミクスの今後は現時点ではわかりません。重要なことは経済成長を促すような大胆な経済政策を今後打ち出すことができるかどうかでしょう。やはり、経済成長を促すようなインセンティブが重要です。

### おさえておきたい基礎知識

◆日経平均株価

東京証券取引所の第一部に上場している銘柄の株式のなかで225銘柄を対象として算出されます。

# 索　引

## 欧　文

GATT（関税および貿易に関する一般協定）　132
M&A　170

## あ　行

赤字国債　90
一物一価　18
一般会計予算　93
インセンティブ　191
売りオペレーション　109
欧州連合（EU）　173

## か　行

買いオペレーション　109
価格受容者　18
下級（劣等）財　22
革新官僚　146
寡占市場　63
価値尺度機能　101
価値保蔵機能　101
過度経済力集中排除法　153
株式会社　39
株主　40
関税同盟　173
間接金融　103
間接証券　104
間接税　100
完全競争市場　17
完全情報　17
環太平洋戦略的経済連携協定（TPP）　173
企業別労働組合　145
基軸通貨　162
希少　2
規模の経済性　64
キャピタルゲイン　42
供給曲線　24
協力ゲーム　178
均衡価格　31
均衡戦略　180
均衡取引量　31
金融緩和　108
金融緊急措置令　148
金融仲介機能　104
金融引き締め　108
グリーフィールド投資　170
傾斜生産方式　148
経常収支　156
経常的支出　90
決済機能　106
限界要素費用　123
公開市場操作　108
交換　16
　　──機能　101
公債発行の中立命題　91
厚生経済学の第一定理　36
効用最大化　10
国際収支の天井　156
国際通貨基金（IMF）　162
国内総生産　71
国民皆保険　145
国民所得（NI）　81
国民総生産　73

固定資本減耗 75
固定費用 51
固定レート制 161

さ　行

最終生産物 75
歳出 93
財政投融資 95
最適反応 180
歳入 93
三面等価の原則 82
私的財 60
自発的失業 116
資本移動 169
資本収支 156
終身雇用制 145
自由貿易の利益 141
需要曲線 19
需要法則 19
準公共財 60
純粋公共財 60
上級(正常)財 22
小国仮定 140
消費者余剰 33
消費の非競合性 60
昭和電工事件 149
食糧管理制度 145
所得効果 120
信用創造機能 105
スタグフレーション 165
生産者余剰 35
生産要素 4
政府関係機関予算 93
政府の銀行 107
絶対優位 135
先進5ヶ国蔵相・中央銀行総裁会議(G5) 165
戦略型ゲーム 179

総可変費用 51
総余剰 36

た　行

代替効果 120
代替財 23
多国籍企業 171
短期 48
中間生産物 75
超過供給 29
超過需要 30
長期 48
直接金融 103
直接税 100
展開型ゲーム 179
同時手番ゲーム 180
等量消費 58
独占禁止法 153
独占市場 64
特別会計予算 93
ドッジ・ライン 153

な　行

日本銀行券預入令 148
年功序列型賃金 145

は　行

排除費用 58
配当 40
配分 5
発券銀行 107
ピークロード・プライシング 197
比較優位 137
非協力ゲーム 178
非自発的失業 116
付加価値 74
複占市場 63
負担転嫁 90

復興金融金庫（復金） 148
ブレトン・ウッズ体制 132
変動レート制 161
補完財 23
北米自由貿易協定（NAFTA） 173
本源的証券 104

## ま 行

摩擦的失業 116
マネーストック 110

## や 行

有限責任 43

ユーロ 173
要素価格均衡化定理 139
欲望の二重の一致 102

## ら 行

レーガノミクス 165
労働の限界収入生産物 123
労働の限界生産物 123

《著者紹介》

高橋知也(たかはし・ともや)序章、第2章、第3章、第5章、第7章〜終章
東京大学大学院経済学研究科博士課程修了。現在、亜細亜大学経済学部経済学科教授。
　主　著　『私大文系のためのマクロ経済学』(中央経済社、2001年)。
　　　　　『私大文系のミクロ経済学』(中央経済社、2002年)。
　　　　　『貿易と金融の経済理論——ゲーム理論と不完備契約の応用モデル』(中央経済社、2004年)など。

鈴木久美(すずき・くみ)第1章、第4章、第6章
早稲田大学大学院経済学研究科博士課程単位取得退学。現在、山形県立米沢女子短期大学社会情報学科准教授。
　主　著　『入門・経済学(第3版)』(共著、有斐閣、2013年)など。

　　　　　　　　　　超入門経済学
　　　　　　　　——高校から大学への架け橋——

| 2014年11月15日　初版第1刷発行 | 〈検印省略〉 |
| 2019年4月20日　初版第5刷発行 | 定価はカバーに表示しています |

|著　　者|高　橋　知　也|
|　　　　|鈴　木　久　美|
|発行者|杉　田　啓　三|
|印刷者|江　戸　孝　典|

発行所　株式会社　ミネルヴァ書房
607-8494 京都市山科区日ノ岡堤谷町1
電話代表 (075)581-5191
振替口座 01020-0-8076

© 高橋・鈴木, 2014　　　　　共同印刷工業・藤沢製本
ISBN978-4-623-07206-4
Printed in Japan

|  |  |  |
|---|---|---|
| マクロ経済学入門 | 麻生良文 著 | A5判 三〇四八頁 本体三五〇〇円 |
| ミクロ経済学入門 | 麻生良文 著 | A5判 四二〇四頁 本体三八〇〇円 |
| 経済学のススメ | 岡崎哲郎 編著 | A5判 二三〇四六頁 本体二六〇〇円 |
| 入門経済学［増訂版］ | 森田雅憲 著 | 四六判 三二八〇頁 本体二八〇〇円 |
| ハンドブック経済学［改訂版］ | 神戸大学経済経営学会 編 | A5判 四〇四八頁 本体三五〇〇円 |
| 現代の世界経済と日本 | 西島章次・久保広正 編著 | A5判 二〇四八頁 本体三五〇〇円 |

―― ミネルヴァ書房 ――

http://www.minervashobo.co.jp/